情緒管理與壓力調適

唐璽惠　王財印　何金針　徐仲欣 ◎ 著

作者簡介

唐璽惠

學歷：國立政治大學教育學博士

經歷：高中組長、主任、校長

　　　　國立成功大學教育研究所及教育學程中心兼任助理教授

　　　　九十年國中基本學力測驗主任委員

　　　　高中輔導工作輔導團召集人

　　　　教育部教訓輔三合一規劃及督導委員

　　　　立德管理學院學務長、系主任

　　　　立德大學通識中心助理教授

　　　　教育部高中、職校務評鑑委員

現職：國立台南大學進修推廣處兼任助理教授

王財印

學歷：國立台灣師範大學英語研究所碩士

經歷：高雄市、台南市中小學教師、組長、主任

　　　　高雄市立大義國中、新興國中、新興高中校長

　　　　正修科技大學應用外語系主任

　　　　國立中山大學、國立高雄師範大學、國立空中大學兼任

　　　　講師、助理教授

何金針

學歷： 國立台灣師範大學教育心理與輔導學系學士
國立台灣師範大學教育學碩士、博士

經歷： 國中主任和校長、高中和高職校長、國立空中大學和國立台北教育大學兼任助理教授、稻江科技暨管理學院諮商心理學系助理教授兼學務處心輔組組長、耕莘護理專科學校嬰幼兒保育科助理教授、耕莘健康管理專科學校兼任助理教授

現職： 教育部高齡自主學習團體帶領人

徐仲欣

學歷： 國立台灣大學動物學系（生命科學系）
康寧大學休閒管理研究所碩士

經歷： 社團法人台灣愛克曼兒童及青少年體驗學習協會創辦人、衛生福利部兒童及少年事故傷害防制推動小組委員、高雄市兒童及少年福利與權益保障促進會委員、高雄市少年輔導委員會委員、教育部審定講師、屏東科技大學社會工作系兼任講師、美國催眠師協會（NGH）催眠師認證、阿德勒導向STEP父母效能系統訓練帶領督導

現職： 衛生福利部CRC兒童權利公約講師、桃園青年體驗學習園區資深講師、樹德科技大學休閒遊憩與運動管理系陸域戶外遊憩專長教練、社團法人高雄市明燈慈善會監事、企業管理顧問講師

推薦序

　　時下社會秩序的快速崩解，人心的貪婪及暴力造成社會的許多亂象，人們為了追求更便利的生活，反而使生活的壓力更大，資訊的大量流通，人們在輕易地互相比較之下，情緒及壓力因此產生，時時影響身體及心理的正常運作，讓人的潛能無法發揮，所以情緒管理及壓力調適的教育刻不容緩。

　　在不同的生涯時期及年齡，需要面臨不同的問題，無論少年、青年、中年及老年，均需要面對各種不同的情緒及壓力事件，在家庭、職場及學習上，唯有良好的情緒管理及壓力調適，才能順利地完成人生的各階段任務。許多人也因為不斷的情緒困擾，或是選擇錯誤的壓力調適方法，造成健康受損，甚至走向自我傷害。錯誤的情緒表達不但影響人際關係、所處團體的氣氛，還會影響到在現今人們需要共同合作才能完成的許多使命。因為個人及團體會受到情緒及壓力的影響，所以情緒的管理及壓力的調適，是現今企業、學校及各社團的必修課題。

　　情緒及壓力管理已成為學習的主流，但仍有許多人認為很難知行合一。唯為落實情緒教育，由內在改變認知，加上不斷地自省及反思，在自我探索及成長的路上，找尋出最健康舒適的生活模式。很高興看到有一本兼具理論及實務的好書出版，不但適合各族群使用，還能讓學子們先

行了解未來會遇到的內在心境,學習更能同理他人、易地而處、將心比心,建立良好的人際關係及團隊合作的精神,發揮個人的潛能,追求自我實現的人生。

　　本書作者有三位曾擔任高中校長,一位是高雄張老師中心休閒輔導的團體帶領者,在情緒教育及輔導上有多年的實務經驗,將情緒及壓力以淺顯易懂的文字來呈現,再加上實際的練習方法,以人生的領悟及體驗來和讀者分享,讓人們更有創意地面對生命的缺憾,將好的情緒與愛的經驗,傳播到每一位讀者的心中。

　　本書除可供個人在情緒管理與壓力調適時參考,並可作為學校進行情緒教育時之指引,故特予推薦。

台北市政府教育局局長　　吳清基
（現為教育部長）
2005 年 8 月

作者序

　　現代的社會變遷快速、價值觀分歧、生活型態與資訊多元，加上政治不穩定、經濟不景氣、失意失業者比比皆是，生活痛苦指數節節升高，人們正面臨前所未有的嚴酷生活考驗。多少人因為些微的挫折與芝麻小事，引發軒然大波和激烈的情緒反應，輕者與人衝突影響人際和諧，重者自傷或傷人，甚或自毀前程賠掉寶貴生命，無非是對家庭社會造成一大損失。

　　吾等在教學與行政生涯中，親眼目睹青少年朋友與學生家長們因為情緒管理與壓力調適不得當，缺乏因應技巧，而造成許多令人遺憾的結果。校園中因為教育改革政策的搖擺不定，造成學生、家長與社會莫衷一是，無所適從，多少老師無法因應教育改革快速的步調，紛紛急著辦理提早退休，造成教育成本的浪費。最近炒得火熱的流浪教師問題，又是另一波的教育危機，有人考了三年好不容易才考上，卻又變成超額教師，將心比心，叫這些流浪教師們情何以堪！他們的情緒與壓力又有誰能了解呢？是否會影響下一代的孩子們？

　　社會的暴力事件和家庭的暴力事件，大半是因為缺乏情緒處理技巧與壓力調適的能力所造成的，如：最近報載虐待兒童事件、殺嬰事件、夫妻互相傷害等均是。

　　因長期失業的壓力，驅使一位父親帶著三個孩子跳水

溝自殺身亡……，類似案例不勝枚舉；另南部知名大學畢業生因為懷疑女友琵琶別抱，無法控制情緒，憤而持刀至研究室砍殺女友，造成兩敗俱傷；某些藝人因跳脫不出情緒與壓力的束縛，走上人生絕路，留給社會無限的遺憾。

　　本書的作者群深深體會到，要使人們快樂且擁有健康的人生，情緒的處理技巧和壓力調適的能力，絕對是第一要務。因此本書從認識情緒開始，冀望讓讀者一窺情緒的奧秘以及認識壓力的來源與本質，能與壓力共生共存，進而了解情緒管理的技巧，並應用壓力調適的策略，在社會上、學校裡、家庭中實施情緒教育，訓練個人具備嫻熟的情緒處理技巧與高超的壓力調適能力，而能擁有健康人生。

　　本書得以順利出版要感謝很多人的協助與鼓勵，尤其是心理出版社林敬堯副總經理及主編李晶小姐，他們細心規劃耐心校對使本書漸臻完美。本書係由四人合著，雖經多次討論修正，但疏漏之處仍在所難免，還請先進不吝指正。

唐璽惠　　何金針

王財印　　徐仲欣

情緒管理與壓力調適

目錄

CONTENTS

Chapter 7　壓力調適

何金針

Chapter 8　健康人生

唐璽惠

圖表目錄

001 Chapter 1 緒論

Chapter 1

緒論

情緒管理與壓力調適，是現代人生活上最重要的兩大課題。

情緒，人皆有之。情緒是由刺激所引起、情緒是主觀經驗、情緒具有可變性（蔡秀玲、楊智馨，1999）。情緒可分為正向情緒與負向情緒，正向情緒如：愉快、關愛、同情、驕傲、希望、滿足等；而負向情緒則有：憤怒、焦慮、驚慌、難過、悲傷、罪惡、嫉妒等。其中負向情緒又可分兩種：建設性（constructive）和非建設性（unconstructive），或稱健康的負向情緒和不健康的負向情緒。健康的負向情緒包括：擔心、傷感、遺憾、後悔、失望、關心人際的關係和健康的欣羨；不健康的負向情緒包括：焦慮、沮喪、罪惡感、羞恥、氣憤、受傷、悲觀的、猜疑的嫉妒和不健康的羨妒（武自珍，1997）。正向情緒可以豐富人生、活化生命，使人生多姿多彩、光輝燦爛；負向的情緒卻使人憂慮寡歡、人生暗淡，生活了無生趣、毫無意義，甚至會帶給人災禍，更會因一時的衝動，來不及尋找健康的宣洩方式，率性而為，而造成許多無法彌補的遺憾。

　　打開電視翻開報紙，盡是一些血腥事件，不是殺人就是被殺；不是自殘就是受凌遲，大家都說：「這個社會生病了！」事實上是缺乏情緒管理能力，挫折容忍力低，抗壓力不足，以至於遇到生活不順遂時，無法積極正向面對，個性消極者選擇了逃避、或自我了斷的方式；個性偏激者卻蠻幹，不是你死就是我活，衝突四起，暴力事件頻傳，令人怵目驚心。負向情緒所帶來的這股失控現象，正像「海嘯」般席捲整個社會，血淋淋的教訓每天上演，值得大家重視。

　　人的一生中，情緒與壓力如影隨形，永遠擺脫不掉；既然無法擺脫，那麼就該與它和平相處，要能與它和平相處就得先認識它、了解它、運用它，最後可以隨心所欲來處理它。而壓力是生命的動力，沒有壓力人會死亡。適度的壓力可以促發個體奮發努力，過度的壓力則會引發個體適應不良，導致身心機能癱瘓而死。

　　情緒不全然都是負面的，其實情緒也有它的正向功能：如情緒可以化解危機以求生存，情緒經適度調節可以豐富生活內涵，情緒經合宜溝通與表達後，可改善溝通的品質、增進良好人際關係，建設性情緒具有促發個體積極進取達成既定目標的功能。情緒是生活中不可或缺的一項資源，在生命中扮演重要角色，我們應該透過情緒教育教導孩子們，如何與情緒壓力共生共存，如何在情緒壓力下，處之泰然，以經營高品質生活，追求卓越生命。

　　接下來，讓我們來了解情緒教育的重要性。

▣ 第一節　情緒教育的重要性

人生的成就大約百分之二十歸諸於 IQ，百分之八十決定於 EQ，IQ 是與生俱來的，而 EQ 卻是學習而來的，由此可知情緒教育的重要性。

情緒教育早已普遍實施於歐美國家，這類提升 EQ 的基礎教育，可遠溯自 1960 年代的情感教育。這種情感教育不僅要以情感為教育的著力點，更進一步以情感為教育的內容，希望讓學生親自體驗以求教育的成功（張美惠，1996）。

情緒教育即是藉由教育過程，教導個體經由提升自我的認知層面，培養對情緒產生覺察力與分辨力，進而應用適當且正確的情緒表達力，運用意識層面中的理性與智慧，來引導個體，使其雖置身於複雜的情境下，仍能維持情緒適應力與穩定力，以防止因情緒失控或不當之轉化，而在人際關係、家庭生活與社會互動中產生問題（李選，2003）。

情緒教育的內容包括：自我意識的增強、認識各種情緒及其表達方式、分析思維、感覺與行為間的關係、情緒管理、為自己行為負責、貫徹承諾、同理心、人際關係、挫折容忍、衝突化解、耐力與毅力的培養等。

情緒能影響一個人的身心發展，不論是心理或是生理，若能從小處做起，培養管理情緒的能力，做好情緒教育，不但能修身養性，更能建立良好的人際關係，在家庭可有良好的親子關係、在學校則可有較佳的同儕關係、在職場則可能有雙贏的人際關

係，達到圓滿快樂的人生。

國內蔡秀玲等指出情緒教育應著重生活體驗，由「情緒」的觀點與「主觀的感受」切入，如：體會內在情緒的波動、覺察對生命的讚歎與渴求、發掘對自我特質的感覺、對自我能力的評價，以及對挫折、衝突等情境的忍受度等，經由以上體驗，有助於個體提升情緒的成熟度，經由對自我個性、人格特質、興趣與能力的了解，有助於個體提振士氣、信心與智慧去實踐理想，走向自我實現與多彩多姿的人生（蔡秀玲、楊智馨，1999）。情緒教育除了讓個體有體驗的機會外，對於覺察自己有情緒時，身心先兆性的反應、情緒當時如何調適及處理、以健康合宜的最佳方式來表達、及透過理性思考以感性來調和，使情緒轉化為能被別人所接納、為社會所允許的情緒，而避免因為自己宣洩了情緒，卻造成別人情緒受到了干擾，影響到人際的和諧等課題也非常重視。

接著讓我們來談談情緒教育的目的，情緒教育的目的在於教導個體：覺察當我們有了情緒時，身心的先兆性反應、體察當時情緒的類別及其成因、分析情緒反應後的結果及其影響、理性思考、轉化非建設性的負向情緒為建設性的情緒、合宜規範約束自己情緒，而掌握行為。

情緒教育的重要性，根據國內學者（蔡秀玲、楊智馨，1999；李選，2003）的看法，乃由於情緒教育能因應生活中的實際需要，情緒教育乃當今時代之趨勢，情緒教育能促進個人自我實現，情緒教育的實施有利於道德教育的落實（但昭偉，2002），分別條列說明如下：

壹、生活中的實際需要

人生不如意事十有八九，這些不如意事件會變成情緒的困擾，對人造成不同程度的壓力、自尊心受損、自信心低落、憂鬱寡歡、極度失望，結果會使我們無法以適當健康的方式來處理或解決事情，因而流於太過衝動、失去理智，憑直覺去做事或是以偏概全，缺乏周密思考，而固執以某一種僵化、扭曲的角度看事件，造成遺憾與不可挽救的結局。若要有效處理這些情緒，化危機為轉機，唯有透過情緒教育，才有其效果。

在我們的生活中，類似的情形比比皆是：原本恩愛的夫妻、情侶，因為小事想不開，有的是大吵一架幾天不說話，有的是刀光劍影，傷身又傷心，有的則是以離婚或分手收場，更甚者會賠掉寶貴的生命；親子間也一樣，被父母嘮叨幾句，便生悶氣、撂下狠話，有時還會以悲劇結束；手足間為了一點小事，導致惡言相向，從此老死不相往來，或自相殘殺；學生被老師糾正或責備，心生不服，輕者上課興趣缺缺，重者聚眾滋事，痛毆老師；在職場上被老闆 K，懷恨在心，伺機報復……這些原本看似單純的事件，卻因為情緒作用，無法有效紓解，導致悲慘後果。

假如在情緒當頭，能夠經由理性思考，想一想，到底怎麼了？有這麼嚴重嗎？非得如此嗎？沒有其他的替代方案嗎？我為什麼那麼生氣，或許是我誤會了，沉澱一下，不要急著直接反應，所謂「忍一時風平浪靜、退一步海闊天空」，結果可能會改觀。事情過後覺察自己的情緒，慢慢了解自己的情緒、整理自己情緒、接納情緒、轉化情緒、傾聽內心自我對話，運用同理心，

仔細預想行為後果，延緩需求的即刻滿足，選擇最妥適的方法來表達，不要被情緒奴役，如此才不會自傷與傷人。

貳、當今時代的趨勢

當丹尼爾・高曼（Daniel Goleman）的大作《EQ》問世後，EQ 就成為茶餘飯後、家喻戶曉的話題。加上整個社會面臨前所未有的大變革，政治的亂象、經濟的不景氣、教育改革的混沌、價值觀的分歧、文化的多元等，對人的耐受力與容忍度，無非是極限的挑戰。層出不窮的社會事件，仔細分析每件案例，幾乎都與情緒失控有關。認知到情緒對個人身心發展、家庭生活、社會互動有非常大的影響，因此若表達不當，後果將難以預估。有識之士都認為：要匡正社會的亂象，維持社會的安寧，唯今之計，只有從情緒教育下手。各級學校也在教育部推動之下，開始正式重視學生的情緒輔導教育，從「全人教育、終生學習、溫馨校園」、「五育並重」、「教訓輔三合一」到「友善校園」、「公民教育方案」等政策的推展，無非是想透過情緒教育的力量來培養學生關懷、同理、自尊尊人、自愛愛人的品格，並能以更適宜和緩的方式來表達各種正負向的情緒，以達到情緒成熟的境界。

除了學校教育嚴陣以待以外，職場員工的在職進修、各種考試的職前訓練、大學的通識課程等，都把情緒教育列為必修課程。由此可知，情緒教育乃是當今時代的所需，維繫每個人的身心發展及社會時勢所趨。

參、促進個人自我實現

「萬般皆下品，唯有讀書高」這種根深柢固的價值觀普遍存在於社會，學校教育為了要達到社會大多數人的期望，變相強化智育成就，而忽略了培養其他學習領域能力；學校的輔導大多偏重於學生課業輔導，鮮少關注於學生的心理需求與情緒層面。許多學生可能很會唸書，很會考試，卻是「生活的低能兒」，人際關係的「孤獨兒」（蔡秀玲、楊智馨，1999），一遇到挫折、失敗或衝突，就直接反應，沒有經過理性的思考，不是過於草率就是過於幼稚，無法以成熟的方式來處理其情緒，所以造成許多的遺憾。

許多證據顯示：EQ 高和情緒成熟的人，在人生各個領域都會佔優勢，生活的滿意度也較高（蔡秀玲、楊智馨，1999；張怡筠，1999），情緒教育目的在於讓每個人具備自我獨處、與人相處的智能，可以提升情緒的成熟度、使人能朝向自我實現的目標。

根據馬斯洛（Maslow）的研究發現，自我實現的人格特質（李坤崇，1988；Maslow, 1970）頗多是與情緒有關，如能透過情緒教育使人能更有效地知覺情緒的現實面，進而改變、轉化心境；接納自己的情緒、了解他人的情緒，及所處的真實世界；能自動自發、純真，和自然地思考面對的問題，而非以自我為中心自圍自滿，能有超然的風度和隱私的需求、能獨立和自主自律，不受外在文化和環境的影響、能不斷以新奇視野來欣賞與體驗人生、能有神祕感與高峰經驗則將擁有自我實現的人生。總而言

之，情緒教育旨在養成個體成熟情緒、理性與感性兼具，能發揮自己的潛能到極致，有一種夢已實現的快樂感（張怡筠，1999）與幸福感。

肆、有利道德教育的落實

丹尼爾‧高曼來台演講，劼切指出：台灣地區社會案件層出不窮，應經由後天學習情緒智商，才可化暴戾為祥和（中時晚報，1998.3.23）。而一個溫馨祥和的社會必須要由有道德的人民來組成，如果人民缺乏道德的規範與匡正，行為就會逾越常軌，做出令人匪夷所思的事情。我們如果仔細探討所有的社會事件其背後或多或少都與負向情緒的處理不當有關，社會的亂象也和情緒處理技巧差有著極大的相關性。

但昭偉（2002）指出：亞里士多德認為從道德認知到道德行為的過程中，情緒是關鍵，只有在學生能恰當地控制內心的情緒，才能產生道德實踐的可能，也就是說學生如果心不甘情不願，即使勉強去做，也不會有愉快的感覺，更不會引發再次行動的動力；由此觀之，情緒教育根本是道德教育的一部分（但昭偉，2002）。從道德認知到道德行為的產生，中間有一段需要跨越的鴻溝，而要跨越這道鴻溝，就要靠每一個人能正確地認識及有效控制內心的各種情緒及「慾望」。我們的學校教育如能加強情緒教育，透過各科教學活動，教導學生適當表達情緒，懂得情緒管理，能與人和諧相處並建立良好的人際關係，成為有理性、有人性、有感性的人，在道德的實踐中能表達最高的善意與樂意，才能由認知到道德的必要與重要，而願意並承諾接受道德的

相關約束，打從內心愉悅地去實行道德行為；因此情緒教育若能落實的實施，等於對道德教育的實施提供了有力的保證。

▣ 第二節　理性與感性

　　人類是萬物之靈，兼具「理性」和「感性」。

　　有人說，女人是「感性」的，男人是「理性」的。好像大多數的女人，無論在情場或是職場上都是感性大過於理性，有時因為女人的感性獲得了與男人不同的靈感與收穫。然而，當女人不合宜地表現過度感性時，會造成不可避免的損失（都市女報，2005）。曾有一位朋友明明知道她弟弟財務狀況不佳，但仍然說服自己「他是我弟弟，我不幫他，誰幫他」，於是向別人調了五百萬元，結果，被倒了。此時她還告訴自己：「這不是真的，如果他要倒，應該不會倒他老姊，我必須出面為他擔保，因為我們是姊弟。」這樣的思考模式讓她付出了相當大的代價。現在社會許多人因為太過於感性而吃虧，甚至於賠掉全部的財產與寶貴生命。

　　到底是什麼影響到理性與感性呢？關鍵在於人腦情緒中樞的運作，人類每次的決策都同時接受感性與理性的指引，在感覺與思考互動之下，可能被強化也可能被癱瘓。人類可以說有兩個腦、兩顆心、兩種智力——理性與感性，要追求心與腦的和平共存，就要學習善用情緒智慧（張美惠，1996）——理性與感性的調合。

　　理性與感性的特質是什麼呢？理性是形容人們對於自身、他

人或是生活條件的健康想法和信念，其特徵是彈性的、合邏輯的、與事實一致的、是能協助人們達到健康的目標或是目的（武自珍，1997）。

理性是屬於意識面的思考與判斷，有了它，人類能發揮聰明才智與創造文明；而感性則為豐沛的感情與情緒，有了它，生命得以多彩多姿、充滿活力（李選，2003）。心理學家佛洛依德（Freud）1900 年指出：倘若個體能夠學習以理性的方式，掌握自己的情緒，才是做為一個文明人的基礎（李選，2003、蔡秀玲、楊智馨，1999）。若是由情緒來控制理智，會使個體因欠缺周延思考，僅透過直覺而衝動行事，極易產生失誤與遺憾。

有一則故事大約是這麼說：從前有一個農夫和他太太住在農莊裡，他養了一隻狗──小黑，小黑非常靈巧，農夫很喜歡牠，小黑也很聽話。農夫的太太因難產不幸過世，家裡剩下農夫、baby 和小黑；平常農夫農忙，小黑會幫忙啣著奶瓶餵 baby，並會保護 baby。有一天農夫外出，遇到大風雪，無法立刻趕回，耽擱一些時間，心裡非常著急，一直惦記著家裡的 baby。等風雪稍停歇，農夫就拚命趕回家，不見 baby，只見小黑全身血淋淋地站在門前，十分恐懼驚慌。農夫找不到 baby，非常生氣，他認為 baby 被狗吃掉了，不分青紅皂白，拿起身邊的斧頭，用力一劈，小黑深深看了主人一眼，似乎有話要說，可是來不及了，小黑流著鮮血，倒在農夫的身旁，再也沒起來過。此時農夫定神一看，小黑的小腿少了一大塊肉，嘴裡還留著一些毛，旁邊有一隻狼，嘴裡咬著一塊肉。農夫正納悶時，突然聽到房間裡有小孩的哭聲，農夫衝進去，看到 baby 毫髮無傷地躺在衣櫥的角落；此時，農夫終於明白，為什麼小黑小腿少一大塊肉，嘴裏還留著毛髮，農夫撫

屍痛哭，但悲劇已造成，後悔來不及了。從這個故事，我們了解到，事情的真相未查明前，妄加論斷是有多可怕。由於情緒控制了理智，使農大無法周延思考，僅透過直覺而衝動行事，造成無可挽回的遺憾，值得大家引以為戒。

　　報載有人做過實驗，在一特殊的情境中觀察兩種看法不同的人，他們思考過程中腦部的運作情形。有人被告知有一群追兵要追殺一家人，這一家人躲在地下室，還算隱密安全，這一家人有一個小嬰兒，小嬰兒隨時都可能哭鬧，追兵就會聽到，如此全家人性命就不保。在這種情境下，將那些認為「該殺掉嬰兒」以保住全家性命的人，與那些「捨不得殺掉嬰兒」大家一同賭運氣的人分開，分別通上電波觀察其腦部的運作，確實發現，不同思考模式會運用到腦部不同的部位，是否也是理性與感性的分野呢？

　　談到理性與感性，宗教大師們有相當精闢的論述，證嚴上人認為感性就是慈悲，理性就是智慧，兩者不可偏廢，太過理性而缺少感性，會是個很冷漠的人生。而法鼓山聖嚴法師則指出，感性並不等同於慈悲，理性也不等同於智慧，因為重感性的人，很可能會多愁善感，或者落於激情的奔放、或者流於情感的糾纏、或者陷入矛盾衝突；至於重理性的人，往往會得理不饒人，所謂理直氣壯、盛氣凌人，得理讓三分，理直氣要柔。慈悲是感性與理性的調和，智慧則是理性與感性的調和。

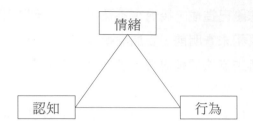

圖 1-1　情緒、認知與行為的關係（引自蔡秀玲、楊智馨，1999）

第三節　情緒、認知與行為

　　蔡秀玲等指出情緒、行為、認知如同等邊三角形的三個角，三者必須配合而非抗衡，才能使個人身心狀態處在平衡的狀態，如圖 1-1 所示 （蔡秀玲、楊智馨，1999）。假設認知大過於「事實」或認知遭到「扭曲」，情緒可能就顯得特別的激動，而此時，行為有可能會失控。維持三者等邊的關係意謂著，認知是根據事實的、是理性的、是合邏輯的、是彈性不僵化、不固著的，而情緒是穩定的、是建設性的、是可察覺可以讓個體管理的，當然，行為則是可預想其後果的、是深思熟慮後才行動，不率性、不魯莽就不會有失控或遺憾的後果產生。

　　在圖 1-1 與圖 1-2 中可以知道，外在刺激事件發生時，個體感受到隨即透過主觀的認知，評估後產生心理的反應而帶動生理的作用，並促發了行動。故情緒、認知與行為其實是相互影響著。

　　大家都有這樣的經驗，當我們太驚慌時，什麼辦法都想不出

來；當我們太緊張時，腦中一片空白（如考試時）；當我們生氣的時候，連話都講不出來，全身發抖；當我們哀傷的時候，站都站不穩；有人因一時氣憤，把他的好朋友或是親人都給殺了。這些情形都是因為情緒而影響到認知與行為的例證。

Plutchik（1980）將情緒分為四個層面：認知評價、心理感受、生理變化及外顯行為，情緒發生的整體過程如下：

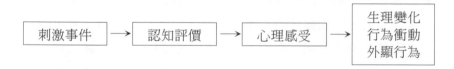

圖 1-2　情緒發生之過程（引自王淑俐，1995）

由上圖知，情緒反應是由個人對刺激事件的評價而來，評價認為對自己有利，即感到愉快，此即正向情緒；評價後發現對自己不利，即感到不愉快，此即負向情緒。負向情緒有：憤怒、焦慮、驚慌、罪惡、羞愧、難過、羨慕嫉妒及厭惡，其內涵為：評價後產生了情緒，心理感受到情緒影響，生理就起了變化，此時行為就會顯現，若是負向評價則行為會衝動，所付諸的行動常是失控的（楊瑞珠，1996）。

刺激事件是中性的，並沒有好壞之分，而主觀的認知評價才有「利、好」與「不利、不好」之分。假設你認知到這個刺激是對你有利的，你就會感到非常愉快舒服，例如現在有一個刺激事件──「最近好嗎？」雖僅是一句平常的問候語，但卻有不同的認知解讀，有人認為是對方關心我才這樣問，心裡充滿了感激，覺得社會處處有溫馨，他怎麼知道最近我不太順利，知道來關心

我呢？充滿感恩，心中會有一股暖流緩緩流過，感到特別愉快，看到什麼東西都覺得可愛，整個人都輕鬆了起來，臉上的肌肉也特別放鬆，說話的聲音特別好聽，做起事來也特別有精神，效率特別高，周遭的人看到他笑臉迎人，也會感染這種愉悅的氛圍，無形中拉近了彼此的距離。而另一種解讀是認為對方故意要數落我，打落水狗呀！我最近是不怎麼好？好不好是我的事情，幹嘛要你來管，你過得好是你的事，不必在我面前宣示，不要「六月芥菜假有心，菜籃裝水給我喝（台語）」，心裡非常生氣，臉上肌肉緊繃，表情嚴肅，整個人不舒服，愈想愈氣，心跳加快，血壓升高，臉紅脖子粗，說話口氣重，別人看見了都「敬鬼神而遠之」，於是陷入孤獨的情境，沒人敢理你，怕「掃到風颱尾（台語）」，造成人際關係不佳。由以上的敘述可以得知，認知的評價是決定正向或負向情緒的關鍵。

認知評價是個人主觀的，會受到個人早期經驗、家人認知評價模式、同儕、師長認知評價模式、個人人格特質及社會學習等的因素影響。小孩看到大人對事件的處理方式會形成其處理類似事件的基模，以後有類似的事件發生，他會依樣畫葫蘆。

所以，同樣的刺激對於不同的人有不同的意義，我們常常覺得很納悶，也沒有什麼大不了的事情，為什麼會氣成那樣呢？那是我們不了解那個刺激對他的意義，以及他認知評價的方向是正或是負？

每個人心中都有他的「一根草」，那一根可以壓倒駱駝的草。簡單來說就是：每個人都有他忍耐的極限或是不能被碰觸的地方，那可能是他的秘密、隱私、痛處或是致命傷。

因此，要期待有正向適切的行為，就必須要有正確理性的認

知及思考模式與正向穩定的情緒。

□ 第四節　人的內在需求

　　人的需求概略可粗分為兩種，即「生理需求」與「心理需求」。

　　人來到這個世界，需要吃、喝、睡、呼吸、排泄等的生理需求，同時還會有心理的需求，在人的心理結構中，有著各種心理狀態，如：喜、怒、哀、樂、愛、惡、懼等。隨著身心的成長和所處社會環境的複雜，各種心理狀態也就愈趨分化及複雜，和人想要去滿足生理需求一樣，人也會不由自主地去追求滿足各種心理需求，比如說人喜歡一種名牌的東西時（如 LV 皮包、鑽戒等），人的心理狀態是想要獲得別人對他的肯定，能夠取得這樣的東西頓時就成為他的目標。假如能順利取得，「喜」這種心理需求就被滿足了；假如不能取得，「喜」的心理需求就受到阻礙。心理需求被滿足的狀態我們稱之為「快樂」，心理需求的受阻，我們稱之為「苦痛」（但昭偉，2002）。

　　由此可知，情緒是人的心理內在需求。人的性格、面對壓力與困境時的因應，及支持系統是否綿密，會影響人選擇處理情緒與壓力的策略。李選指出國內外學者研究發現影響情緒反應的因素有（李選，2003）：

一、人格堅毅性（hardiness）：指個體對抗壓力之資源與特質。
　　包括控制感（control）、挑戰性（challenge）、投入（commitment）。

二、因應策略（coping strategies）：指個體在面對壓力與困境時，經由個體與環境間互動的結果，所採行之調適方法。

三、社會支持（social support）：指個體面對壓力與困境時，能適時獲得周遭親友、子女、同儕等提供之金錢、物質、勞力、資訊、建議、指引，或感情上的傾聽、撫慰等，均有助於壓力與情緒的舒緩。

人內在的真正需求是在於「趨樂避苦」，所以會想盡辦法讓自己內在需求即刻得到滿足，以獲得「喜、樂」，而遠離「等待、延宕」的焦急與不悅；同時，人也有「減壓、釋重」的傾向，壓力舒緩了自然輕鬆，能怡然自得而「隨心所欲」。

問題討論

❶如何分辨感性與理性？

❷分享因為過於感性而受害的事例。

❸請舉例說明情緒、認知與行為的關係。

❹請說明情緒發生的過程。

❺請說明情緒教育的重要性。

參考書目

王淑俐（1995）青少年情緒的問題、研究與對策。台北：合記圖書。

中時晚報（1998.3.23），台灣人 E.Q.有問題。

李選（2003）情緒護理。台北：五南。

李坤崇（1988）馬斯洛自我實現理論及其實徵性研究之探討。輔導月

刊，**24**（4,5），15～39。台北：教育部訓委會。

但昭偉（2002）**道德教育——理論、實踐與限制**。台北：五南。

武自珍譯（1997）Windy Dryden 著。**理性情緒心理學入門**。台北：心理。

都市女報（2005.4.14），職場，當感性遇到理性之時。2005 年 5 月 6 日取自 http://psychology.hr.com.cn/。

張美惠譯（1996）丹尼爾・高曼著。**EQ**。台北：時報

張怡筠（1999）**張博士 EQ 早操**。台北：水晶。

楊瑞珠主編（1996）**教師情緒管理**。台北：教育部。

蔡秀玲、楊智馨（1999）**情緒管理**（*Emotion Management*）。台北：揚智。

Maslow, A. N. (1970). *Motivation and personality* (2nd ed.). New York：Haper & Row .

Plutchik, B. (1980). A language for the emotion. *Psychology Today*. FEB.

Chapter 2

認識情緒

馬克‧布瑞克林（Mark Bricklin）說：「思想與情緒是心靈的補品。如同我們的身體需要維他命、蛋白質，以及其他營養品來維持精神，獲得健康；每一個人需要補充心靈的「養分」，保持快樂、寧靜，及創造力。」（黃漢耀、黃明正譯，1995）

第一節　什麼是情緒

又是一星期的開始，小欣很不甘願地離開溫暖的被窩，匆匆地拿起公事包出門，在等電梯時，看到鄰居的小孩把電梯按個全紅，讓小欣怒火中燒。剛趕到公車站，小欣無奈地看著公車揚長而去，嘆了一口氣只好等待下一班車，頻頻看著手錶來回地在公車站走著，想著今天要和主管們開一重要會議，讓小欣急得像熱

鍋上的螞蟻一樣。好不容易到了公司，主管們一個個面色凝重的等待著小欣，這時瞬間響起了生日快樂的音樂，同事們圍繞著小欣，小欣在一陣驚喜之後，臉上洋溢著幸福的笑容。以上的故事似乎每天都在上演著。對於故事主角的小欣，你覺得他經歷了哪些情緒的變化呢？以上文章中的楷體字是否就是所謂的情緒字眼？可能見人見智、眾說紛紜。每天我們都會經歷不同的感覺，產生不同的行動方案，這能讓我們更具適應的能力。那情緒是什麼呢？是如何形成的？又是如何改變的呢？

由上述小欣的故事，我們可以來探討情緒的成因及變化，其中包含了內在的感受和外部的表現，分別詳述如下：

壹、內在的感受（又稱為心理反應，不易測量）

遇到環境變化時，當事人的內心會有主觀的心理感受，這些感受可能我們自己也無法很清楚地描述，我們常會用非筆墨或言語所能形容來表達自己的感覺，可能只是很模糊而且籠統的說明，不是外顯而是藏於心中的。例如有些人在看書的時候會覺得悶；有些人在考試前，被逼著讀書感覺很緊張；而有些人看書會覺得愈讀愈有趣津津有味。由此可以看出情緒的內在感受是有普遍性的，但會受到不同心境或外在環境影響而具有獨特性，這也可看出情緒在不同的時空環境是會轉變的。

貳、外部的表現（可具體測量）

一、生理反應（身體內部的反應）

　　人們在經歷不同的情緒時，我們會觀察到不同的生理反應，如緊張、害怕以及生氣時，我們都可以測量到心跳加速、呼吸急促、血壓升高以及肌肉緊繃，在血液內也可發現內分泌也就是賀爾蒙的濃度改變。但是單單僅靠少數生理的變化，是無法準確地判斷個體當下經歷何種情緒。

二、行為反應（身體外部的反應）

㈠臉部的表情

　　艾克曼（Eckman, 1972）的研究發現，人類的基本情緒與某些表情是具有共通性的，無論是哪一個種族，從臉部的表情可以清楚地辨識喜、怒、哀、懼四種基本情緒。像是提出演化論的達爾文，在觀察當人們有嫌惡的感覺時，會出現嘴唇向上接近鼻孔的臉部表情，可以減少個體吸入有害的氣體。另外，我們發現想要完全地隱藏情緒，讓喜怒不形於色，是很少人能辦得到的，像有人皮笑肉不笑讓別人覺察到，就是最佳的寫照。

㈡聲音的變化

　　在經歷不同的情緒時，個體會表現出不同的聲音，像笑聲、哭聲、亂叫或是發出不同音調、速度、音色及音量的言語，目前我們已經能用客觀的方式來測量細微的變化，像音量多少分貝、

速度為幾分之幾拍，讓我們易於相對比較。

(三)肢體的動作

經歷情緒的時候除生理反應之外，會產生一些外顯的行為，讓我們可以清楚地偵測到，像臉紅脖子粗、面色慘白、張口結舌、身體抖動、手腳發軟、肩膀高聳以及眉頭深鎖等，皆是情緒發生的初步反應。在不同的文化會有不同的動作，是由先天的遺傳和後天的學習而來的，所以學習察言觀色，做出最有利的判斷，可以讓我們在人類社會趨吉避凶，容易和其他人建立良好的關係。

由以上我們了解到情緒的基本概念，那情緒的定義是什麼呢？所謂情緒（emotion），是指個體受到某種刺激所產生的一種身心激動狀態（張春興，1999）。就字面上的意義參考牛津英語字典的解釋：「心靈、感覺或感情的激動或騷動，泛指任何激越或興奮的心理狀態。」如果從情緒英文的字根來看，是源自拉丁文「行動」（motere），而在字首加上了一個 e 是遠離，也就是一種趨吉避凶的行動。我們常聽到的情緒字眼都有導向行動或抑制衝動的意境。無論情緒是正向或者是負向，似乎都強烈在刺激人的行動，在日常生活中形成一種重要的訊號，情緒有助於使經驗組合起來，建立新的認知，以指引並激勵我們的行動。在現代文明產生之後，人類的行為和情緒開始出現分離的情形，人類的進化使得情緒成為我們產生某種行動的驅動力量，情緒就是使人類能趨向利於在人類社會及自然的環境之中生存。

我們每天都會接觸到不同的情境，從視覺、聽覺、味覺、嗅覺、觸覺的五種感官，使我們能偵測外界環境的變化，當我們發

現環境改變時，需要有反應的機制以便產生「適當行動」，來使我們能順利地逃避敵害，更適合存在新的環境之中。情緒就是為產生此一「適當行動」重要歷程的一個催化劑，由身體內部生理的變化，進而幫助個體能以最迅速的方式來產生有效的應變，但是，情緒的感覺和前述所謂的五種感官的感覺有何不同呢？在人類語言文字出現後，就開始嘗試留下各種情緒的描述，不同的文化有不同的字眼，所代表的生理和心理的狀態也有所不同，這也是近幾年全球化之後，許多跨越文化的情緒研究所注目的焦點。

🗐 第二節　情緒的理論

在心理學界有關情緒的研究很多，眾說紛紜，至今並沒有一個理論可以完整來說明。以下是近代學者經由實驗所提出的理論，就情緒心理學的觀點來了解情緒的理論。

壹、情緒是生理反應的結果

美國心理學家詹姆士（James, W.）和丹麥的生理學家郎奇（Lange, C. G.）提出詹郎二氏情緒論，認為情緒是人們對身體的生理變化所產生的知覺，就好像我們經由哭而發現自己有難過的感覺，而發現好笑的事情之後，經由笑的生理反應才感覺到快樂的情緒。也就是情緒的產生過程是先有環境變化，然後產生生理的反應，進而感覺到情緒的出現（情緒的產生模式如圖 2-1）。

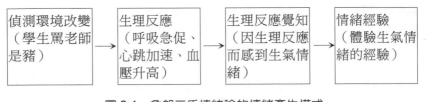

圖 2-1　詹郎二氏情緒論的情緒產生模式

貳、認知和生理影響情緒

　　斯赫特（Schacter, S.）和辛格（Singer, J. E.）的斯辛二氏情緒論，更進一步描述個體的「認知」對情緒的影響，認為人們是以生理的感覺和認知評估的交互作用來共同決定情緒。也就是說環境變化，然後產生生理的反應，交感神經系統的作用讓個體感受到變化；至於會產生何種情緒，是由個體的「認知」來決定的，所以強調情緒是會受到個體「認知」因素的影響（認知對情緒的影響如圖 2-2）。

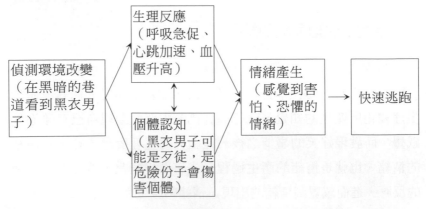

圖 2-2　斯辛二氏情緒論的認知對情緒的影響

參、情緒的認知論

　　阿諾德（Arnold, M. B.）將情緒解釋為：「當個體評價為好的（或是喜歡的）事物有接近的傾向；而評價為壞的（或是不喜歡的）事物有離開的傾向。」個體的記憶是評價的基礎，任何新的事物會按照過去的經驗來評價，這種從過去經驗所產生的情感，有可能會一直扭曲我們的判斷。所以一個人的價值判斷會影響情緒的變化，可見情緒是可以塑造而管理的，可經由教育來幫助人們培養正確的價值觀，以正向的認知來避免不當情緒的產生，幫助學生建立健康的身心和良好的人際關係。

肆、情緒的相對歷程論

　　拉扎勒斯（Lazarus, J. L）在斯辛二氏情緒論，以及阿諾德情緒的認知論之後，把個體的生物及文化的有意義因素加入考量，換句話說，每個人都會受到過去的生活經驗、動機、期待或當時社會環境的文化背景所影響。例如一個人曾經被蛇咬過差點喪命，從此之後，只要見到草繩就不由自主地感到害怕。又如父母親不斷地告訴孩子，唯有讀書才是有用的人，因此若未能達到父母的期望，就會容易感到挫折，而忽略自己的其他多元智慧。

　　拉扎勒斯還提出情緒是一種「反應症候群」，人類對於環境的刺激，經由自己的認知評價來引起情緒反應，而刺激的本身是不斷地在變化的，人們也不斷地在應付，以新的認知評價來引起不同的情緒反應。首先，個體在面對刺激時，以直接的行動去應

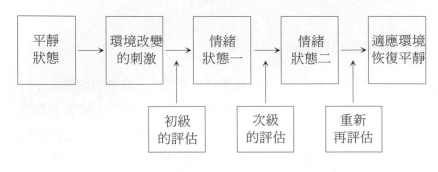

圖 2-3　拉扎勒斯情緒論「反應症候群」的評估過程

付所受到的威脅和可能的傷害，但是直接的行動可能會產生不同
的結果，可能成功也可能失敗。這種「初級的評估」讓個體檢驗
是有利、無關或者是不利的，如果「初級的評估」的結果是不利
的，個體會產生壓力的狀態，開始考慮採取新的對策，稱為「次
級的評估」，經由「初級的評估」和「次級的評估」之後，個體
會「重新再評估」以便更能適應環境，也就是前面所提情緒是一
種趨吉避凶的行動（「反應症侯群」的評估過程如圖 2-3）。

□ 第三節　情緒的種類與特徵

　　情緒是人類與生俱來的，在日常生活中不同生活事件的刺
激，會帶給我們不同的經驗，不論愉快與否，或是否如自己所預
期，都可讓我們的人生像是坐雲霄飛車一般，有時是彩色的，有
時又有如烏雲蓋頂。情緒像大自然的天氣一般，似乎無法預測，
有時晴空萬里，有時傾盆大雨，但無論雨下得多麼大，一段時間

過後，終將停歇，天氣必然會轉晴。愉快的情緒讓人們感到驚喜且舒暢，但是似乎好景不常，「愉快的情緒」總短暫且無常，有時我們會莫名地陷入負面的情緒，必須忍受不愉快的心情，直到從負面的情緒中掙脫出來，心情才能平復，回首一看卻也不知是如何轉換的。我們每天都生活在不同的心理及生理的感覺之中，喜歡正向情緒，能在正向的情緒中感到幸福，討厭負向的情緒，因它讓我們感到傷害、威脅、失落的壓力，會想產生新的行動計畫。

壹、情緒的種類

　　情緒包含許多的差異，大部分的人都能以好、壞、佳、惡劣等的方式來分辨情緒，但不足以來描述實際的感受。我們平常提到的人生喜怒哀樂，剛好符合中國的中庸思想，正向及負向的情緒各半，前面我們提到喜、怒、哀、懼四種人類共通表情，可以看出基本情緒容易表現於形色上多為負向的情緒。而正向和負向的情緒，就是我們平常所稱的心情好壞，但就像是天氣的好壞，不同的人會有不同的界定。在不同的文化對於情緒的字眼也會出現不同的頻率，通常我們所謂正向的情緒是指令人愉快，有助於所謂的「趨吉避凶」中「吉」的部分，像愛讓我們的願意分工合作有利生存；好奇心讓我們能學習新的事物，找到更有利的生活方式。

　　自古在東方的文化裡提到人有七情六慾，也就是基本的喜、怒、哀、懼、愛、惡、慾七種情緒。我們會發覺情緒有許多的字眼，有些情緒大致相似，像是：

一、愉悅、興奮、快樂、驕傲

二、敵意、不平、生氣、憤怒

三、傷心、難過、悲哀

四、害怕、恐懼

五、疑慮、擔心、緊張、焦慮

六、友善、親密、信賴、摯愛

七、輕視、討厭、厭惡

　　但是我們又會發現其實其中仍有些微的不同，人類具有數百種以上的情緒，在不同的文化有不同的情緒字眼，情緒的複雜遠遠超越語言所能形容。有些情緒是複雜的而且包含多種情緒的合成，像是布拉契克提出以下組合（洪蘭譯，2001）：

一、恐懼＋驚訝＝警覺

二、快樂＋接受＝友誼

三、快樂＋害怕＝罪惡感

四、悲哀＋憤怒＝鬱悶

五、快樂＋驚訝＝愉悅

六、預期＋恐懼＝焦慮

貳、情緒的特徵

一、情緒是普遍存在的

　　情緒是天生的，且情緒有自然平衡的能力，像是在動物學家的研究發現，靈長類在野外的個體和人工飼養中從未看過蛇的個體，但在觀看蛇類的影片時，同樣會露出害怕的表情。另外，情

緒對於人們的正向及負向的影響也是普遍存在的，而且情緒也普遍可以經由教育及學習增進管理的能力。

二、情緒是主觀而獨特的

情緒在每個人都會有一定程度的個別差異，像有些人會特別害怕狗、老鼠或蟑螂，但是同樣的情形有些人會對狗感覺友善和親密，而對老鼠、蟑螂產生憤怒的情緒。人就算是遇到相同的情境，產生相同的情緒，強度也會因人因時而有所不同，像人們每天起床前聽到鬧鐘時，有的人會有下床氣，但是生氣的強度和持續的時間在不同的日子會不同，如果準時起床是為了充滿期待的出遊，人們總是會感到迫不及待且以愉悅的心情起床。情緒的內在感受是受到每個人的不同判斷的結果。許多認知學派的學者強調，每一項刺激對人的意義不同，就會產生不同的情緒反應，這個意義和每個人的成長經驗有關，是由過去的經驗所學習來的認知和評價。

三、情緒是會傳染、有層次會累積引爆的

前面曾提及情緒的表現會受到文化及過去經驗的影響，也就是學習而來的，情緒就像流行病，在一定的情形下會引爆大規模的影響。為了更進一步來看引爆情緒造成傳染的原因，可以先來了解在流行病所發現的現象，微生物引起疾病的原因在生物學家的努力之下，發現疾病的傳染需要有三個指標：就是傳播者的本身、傳染原的本身以及傳染原活動的環境；而在社會流行趨勢的原因也有少數原則、定著因素和環境力量（葛拉威爾，2000）。我們對於情緒在個體內以及人們之間的觀察分別詳述如下：

㈠少數原則

　　主要的理念是小動作能造成大轉變，改變是時間的函數，在一定的時間內，要把團體的情緒引爆，在傳播情緒訊息時，是以口語及非口語來傳達，一些很小的表情及眼神會不斷地重複傳達訊息，勾起人們潛意識共同的情緒經驗。情緒的傳染以及情緒的表現，會受到文化及過去經驗的影響，也就是學習而來的。當人們以特定言語及非口語的表情和眼神來傳播情緒訊息，會引發群眾的集體情緒，這就是引發流行的人要有熱誠，不斷地以人際網絡大量的傳出各種訊息，像是以迅速瞬間的親和力和身邊人接觸，傳播訊息引爆大眾的情緒。

㈡定著因素

　　影響他人的重要因素並不只是語言的內容，而是建立與語言意義相連結的情境圖像，以及讓收訊者容易接收的訊息處理單元，比如說話是運用聽覺溝通，不同音調、速度、音色及音量的語言，會產生不同的效果，加上語言的前後順序以及發音和其他相通的詞語，總是會讓人印象深刻，其願意讓此種表達方法不斷的複製，終成幾何級數的方式來傳播。在藏傳佛教的「銘記」或「印記」，就是以特殊的情緒事件，不斷地喚起人們心中所潛藏的行動方案。所以，只要將我們想要傳遞的訊息，將訊息定著在受訊者的心中，而受訊者都有類似的情緒經驗，引爆情緒的傳染將隨時發生。

㈢環境力量

　　環境和生物之間是會相互影響的，我們在觀察環境和人們之間的互動，可以發現許多特殊的現象和規則，分別以破窗效應、免疫反應、通路容量、團體力量來探討。

　　1、破窗效應

　　心理學家曾做過一個試驗，把一台中古車拖到紐約市的街道上，將車門的鎖處於開著的狀態。一開始沒有人理會，等到有人開始破壞車子，也沒有人予以理會，之後就好像一發不可收拾般，每隔幾天就會有更多的破壞，不是玻璃被敲破，就是輪胎被偷，最後連整台車子都消失了。我們也常會看到路旁的房子，如果窗戶的玻璃破了沒有修理，就會有第二個、第三個窗戶的玻璃被敲破，最後無一倖免。

　　犯罪是失去秩序的結果，人的社會環境如果讓環境原有的秩序打亂，沒有立刻恢復，將會使如此失序的事件不斷擴大，而不可收拾，也就是說犯罪會像流行病一樣的傳染。個體的情緒也是如此，一個人的情緒在某一事件被引發出來，如果沒有適度的轉換而任其擴散蔓延，下一次只要遇到類似的情境，失序的情形就會一而再地發生。所以，反破窗效應可利用環境去改變人的行為，尤其是在犯罪的防治上，而環境的改變在情緒轉換上也會有很大的功效，不讓情緒任其發展，或是以維護自己生活的環境，改變生態，大家一起努力來調適轉換心情。

　　2、免疫反應

　　生物有一套獨特的免疫反應，在面對外來微生物的侵入時，生物體為了打贏這場生化戰爭，微生物的外表以及其所產生的毒

素，會使生物體的免疫系統產生辨識及防衛的功能，當類似的微生物再次進入人體時，就能夠以最快的速度來進行人體保衛戰。情緒也有類似的反應，在我們的成長經驗中，發現只要有曾危及我們生命，像是被蛇咬、摔倒或是燒燙傷，下次只要再遇到類似的情境，就算是沒有直接的威脅，也會很迅速產生很強的情緒來逃避傷害。

3、通路容量

生物的大腦有一些處理訊息的限制，人對社會網絡的處理很難超過 150 人，而親密社會網絡的處理只能有 12 人，所以組織的人數可以考量此一數量，如有辦法超越此數量也就可以引爆大規模的情緒。

這也讓我想到所謂的「百隻猴效應」，當一個觀念在生物的族群中得到某個數的個體認同時，會影響其他的人像爆炸一樣的引導流行。我們看到近年來台灣的選舉，只要政治人物提出一個新議題，經由媒體、政論節目以及社論渲染一下，當支持此議題的人數達到一個臨界點後，就很容易引爆群眾的情緒，無論是否符合邏輯，都會毫無理性地加入抗爭或是強辯。

4、團體力量

我們在團體內會感受到團體的壓力，團體內有一部分的人有了共同的觀念，組織會促使此團體的人，都具有相類似的集體行為。從小團體有了共識之後，小團體可自成單元引爆組織單元的引爆情緒。所以小兵可以立大功的，要引爆情緒可善用組織，組織內的共識可藉由組織的力量，來引爆大規模人群的情緒。

四、情緒促使我們保護自己

　　情緒常常被誤解對人是有害的，和幼稚、不成熟、自我的控制能力差畫上等號，我們以情緒化或鬧情緒來描述一個人，總是帶有輕蔑的負面意味。其實在社會新聞中我們常會看到類似的案件，在遇到歹徒時，母親帶著孩子，不顧一切地和歹徒搏鬥，由憤怒產生無以倫比的力量，或是由恐懼促使個體快速逃跑。

　　人類在自然的演化過程中，我們人類的老祖先在大自然的環境下，為了逃避毒蛇猛獸的侵害以及為了爭奪食物和交配，須以肌肉的力量及速度來獲勝。某些特定的人在某些特定的情境下，憤怒的生理反應是呼吸急促、心跳加速、血壓升高等，這會使血液流向手臂，肌肉收縮的效率提升，使手的力量大幅增加；如果生物體評估產生的情緒是恐懼，生理反應同樣是呼吸急促、心跳加速、血壓升高，但是血液是流向腳部，幫助人們較易逃跑（張美惠譯，1996）。而這樣的情緒反應所產生的力量是會遺傳的。

五、情緒會影響生理

　　在前面我們發現情緒具有行為的特徵，內在的生理反應像呼吸急促、心跳加速、血壓升高等，在生理上是和人體的自主神經系統有關，由體腦部的下視丘來指揮，產生回饋反應機制。自主神經系統分為交感神經和副交感神經兩組神經，像是蹺蹺板一般，總是互相頡頏的，其中交感神經會使呼吸急促、心跳加速、血壓升高、血糖上升、腸胃蠕動減緩等，而副交感神經的作用剛好相反，人體不斷地運用這組系統來維持平衡。

　　有助於人們便於較快的活動，像逃避敵害或者是便於戰鬥，

演化的過程中成為所謂的適者生存，但是人類的生活環境已漸漸地由自然轉變成人的社會文化環境。過多的負向情緒，就好像人們每天都處於戰備的狀態，而這種備戰的生理狀態在人為的社會環境中，已有許多情形是多餘的。每種機械都會有使用的年限，如果在某個部位過度使用，會讓使用年限縮短。情緒上時常感到緊張、焦慮、迷惑，或是負面情緒太多如沮喪、悲傷等，容易引起下列的生理問題（王淑俐，2003）：

(一)影響循環系統

像是緊張、焦慮、生氣、恐慌等情緒，會使血壓上升、新陳代謝加速，以對抗外在環境的壓力，但是如果時常產生這類的情緒，將促使個體的血壓習慣性地上升，容易得到高血壓、心臟病、腦中風。而此類患者多為急性子，在吃飯時也多偏好高熱量且快速的食物，血脂肪及膽固醇偏高，讓動脈的血管壁增厚、彈性變差、甚至阻塞，造成血壓不斷升高，像腦血管破裂的中風，以及負責心臟養分的冠狀動脈因阻塞而引起心肌梗塞，都是和情緒有關聯的常見循環系統疾病。

(二)影響肌肉骨骼系統

同樣的緊張、焦慮、生氣、恐慌等情緒，會使人類的免疫系統功能下降，使我們的身體易受到感染發炎，像是肌腱炎以及關節炎等。另外，像肌肉長時間處於緊張的狀態，乳酸的堆積常使我們肌肉痠痛，睡眠時品質不佳無法充分地放鬆，肌肉過度緊張而產生抽筋，甚至起床時有落枕脖子僵硬的情形，實際上都是我們的身體所發出的警訊，需要個體放鬆以充分休息。

㈢影響消化系統

當感到緊張、焦慮、生氣、恐慌等情緒時，交感神經作用反應，促使唾液分泌減少腸胃蠕動減緩，使得口乾舌燥、食慾不佳，加上保護胃腸黏膜的黏液分泌減少，而此類的人又因無法放鬆自我，用餐常不能定時定量，是胃以及十二指腸潰瘍的好發對象。而易緊張的人對茶及咖啡過度依賴，生活作息不定，易傷害消化系統，用餐太匆忙而未能食用足夠的蔬果，使得消化不良產生便祕及宿便。

有些人有憂鬱、沮喪及失落的情緒，為了求得心理上的補償，會以無節制的飲食、吸煙、酗酒以及濫用藥物來短暫滿足自己的生理需求，不但傷害消化系統，暴食的結果，體重過重脂肪堆積，慢性病便隨之發生。

㈣影響皮膚系統

時常緊張、焦慮的人，會使自己常處於時間不夠用的景況，身體勞累了便倒頭大睡，使得皮膚不清潔，汗腺易阻塞，而產生青春痘、皮膚發癢、濕疹、蕁麻疹；另外，常有負面情緒的人，會使得臉部表皮的肌肉因緊張收縮而產生皺紋。

再者，負面的情緒還會促使呼吸系統的過敏反應，高度的情緒所生的壓力也會讓免疫能力失調，使人體易受感染，癌細胞的不正常增生。所以，負面的情緒不但會使人們產生不舒服的感覺，生理的異常使得情緒更是如火山爆發一般無法收拾，在中國歷史上三國時期的孔明三氣周瑜，周瑜從生氣而感慨「既生瑜，何生亮」，最後英年早逝，可見情緒管理的重要。

□ 第四節　情緒構成的要素

我們常說天有不測風雲，在大自然的環境之中，天氣是不斷在變化的，我們可以把天氣分為好與壞，更細膩的我們有許多天氣的分法，讓人們可以清楚地理解，像打雷、暴風雨、綿綿細雨、晴朗、炎熱、寒冷、強風、潮濕、溫暖等。但是在每個人的心目中，好和壞似乎會有不同的評價方式，過去的經驗以及不同文化對人們的觀點會有不同程度的影響。人們分析天氣的形成有不同的因素，像溫度、溼度、風速、雨量、氣壓、雲層、光線以及地形等不同因素的互相影響，而形成不同的天氣狀況。

我們對於情緒的感覺也可以用如天氣一般構成的要素，更詳細明白來說，情緒可以下列不同的構成要素架構，來讓我們更清晰地觀察情緒，以下是我們用一些比喻的方式來描述，讓我們一同進入想像的情境之中。

壹、時間

新婚的小真在逛街買衣服的時候，花了四十分鐘不斷地試穿，很有耐心而且很開心，當天晚上小真要外出參加同學的結婚喜宴，在試穿衣服時，看到丈夫正沉醉在電腦世界之中，對於小真一次又一次地問話無動於衷。十分鐘後小真開始心中燃起怒火，小真眼前出現了過去母親和父親爭執的影像，正當要大聲叱責丈夫時，小真眼前出現了一個十年後自己的影像，和母親一樣脾氣暴躁、孤單而且碎碎唸，於是小真停下來走到丈夫的身邊，

開始關心和丈夫之間的互動，小真的情緒從煩躁到生氣轉為關心和耐心，是過去、現在以及未來的時間的參考架構。

　　阿瑋在排隊買職棒總冠軍的入場券時，漫長二十個小時的等待，我們發現同樣是自然時間，但是在頭一小時、中段的一個小時以及最後的一個小時，在阿瑋的內心，產生不同的情緒，對於時間的感覺也不同，我們可以發現有些比喻像度日如年和歲月如梭，都是我們對於時間的感觀和情緒之間的奇妙關聯。

　　由以上的故事中發現，在時間的感覺，我們可以觀察到時間是有速度以及頻率的次一級要素，像籃球比賽領先的一方總是期待時間能快速些，如果落後的一方急於想追回差距反而會增加許多的失誤，所以我們在場邊聽到啦啦隊「慢慢來」的提醒聲（雖然大家都是心急如焚），讓選手及觀眾都能緩和焦躁的情緒。所以，如果你正體驗一種以時間為主要成份的情緒，可以把注意力轉到另一種時間的感官，而將情緒轉為另外一種（蔣雪芬譯，1996）。例如急著趕回家上洗手間，在電梯內全身難過，覺得度日如年，可以在電梯內看公佈的告示或廣告，請記得要逐字地讀，便會轉換成為慢的時間架構，焦慮的情緒便自然減緩。

貳、強度

　　十四歲的阿瑞平時是個乖巧的孩子，有一天放學沒有準時在五點回到家，媽媽一開始只是忙碌著準備晚餐，期待全家人共享晚餐，到了五點十分只比平時遲了十分鐘，阿瑞媽媽心裡把一部分的心思從烹飪中分出來，看著時鐘開始感到擔心，當其他的孩子都回家了，媽媽心中想著許多可能發生的壞事情，轉變成憂心忡忡。時間一分一秒地過去，在媽媽心中的時間感覺愈來愈快，

開始放下手邊的事情，在家中漫無目地來回走著，焦急地再度想像各種的可能。一直到想像愈來愈真實，經過判斷消除了各種好的可能，當聽到電話響起的那一剎那，焦慮的媽媽在聽到電話的另一端傳來孩子的哭聲，情緒完全崩潰任由歹徒的詐騙。

媽媽從對孩子關心一直到歇斯底里所推動的就是強度，人們的情緒強度會被內在的認知（想像壞的情境或排除好的結果）、其他人正常的發展（相對自己的不正常）增強，在來回走動及突然發出的聲音，更加強了身體生理上對情緒的覺察，而放大對情緒的感覺。

參、相對

育誠是一個凡事追求完美的孩子，在學習的過程中會以自己過去的經驗，以及和同年齡的其他孩子來相對比較，也會以父母和社會的期待來衡量自己的學習表現，如果未如預期就產生挫折感而傷心難過。我們可以發現育誠是不斷地在相對比較，以及用一些制式的準則在和自己的內心對話。

我們會人比人氣死人就是因我們以內在相對比較的準則所造成的，這種相對的要素是情緒轉換的關鍵，如果把準則換成「比上不足比下有餘」或是「天生我才必有用」，自然情緒就會跟著轉變。

不光只有生物體遺傳基因扮演著達爾文演化論的基礎，人類文化所影響的情緒，產生了另一種適者生存的模式，此種演化基礎加入所謂外部社會的「文化基因」，而外部社會的「文化基因」對於情緒的影響，是以「相對」的方式在人類族群中存在著。

▣ 第五節　情緒與人我關係

　　有人形容：「一語傷人六月寒」，一句情緒化的字眼，常會讓情緒如波濤洶湧一般，也會使我們身邊的人感覺到不舒服，以為你是具有攻擊性或者是傷害性的，每當和你接觸，都會產生嫌惡的感覺。反之，如果我們像陽光一般充滿了活力和快樂的情緒，那麼在你身邊的人也會感到有活力與快樂，覺得你是安全可以親近的，學習到每次和你接觸都會產生歡喜的感覺。

　　人類是行團體的社會生活，我們有歸屬感的需求，憤怒雖然可以保護人較不易受侵犯，但是易怒的人同樣會使別人不易親近，甚至動手傷害他人，而使別人感到恐懼。易緊張焦慮的人做事及言談之間，容易產生不適當的行為及表達，而傷害他人及團體的合作，所以易產生誤會，在人我之間容易出現問題，因此常會找不到工作或是常換工作，離開人群又會感到孤獨，而陷入痛苦之中。

壹、情緒具有人際溝通的功能

　　在情緒的特徵及情緒的外部表現中，我們常可見到情緒的非語言行為是更具有威力的，情緒在人際對話中扮演著許多的線索，就好像我們要編織毛衣，運用不同的顏色、粗細以及織法，所呈現的結果會大不相同。我們在與人溝通時，聽到別人說話的內容，只佔溝通的一小部分。情緒會表現在說話時的聲音線索、

臉部的表情線索，姿勢和身體動作、生理反應、行動上的線索以及特殊的情緒字眼的線索（李鈺華、許湘翎譯，2003）。

我們從別人的臉上會很容易讀出情緒，像是眼睛因驚訝而張大，遇生氣瞪眼，快樂時嘴角上揚，生氣時會緊繃著雙唇，但是光是靠臉部的表情仍不足以全然表達內心的感受，會有許多的綜合表現，像是發牢騷聲音會上揚、生氣時音量會變大或害怕時聲音會顫抖。在生理上，傷心時會熱淚盈眶、害怕時會起雞皮疙瘩、緊張時全身發抖、興奮時手舞足蹈，以及生氣時亂砸東西或大力關門。很特別的是，我們較少聽到人們能很直接地說出目前心中情緒的感受。所以情緒的表現能幫助人際的溝通，讓我們了解別人的內心狀態，來互相幫忙滿足雙方的需求。

貳、負面情緒是撕裂人際的利器

容易產生強烈情緒的人，不易交到知心朋友，如遇到挫折及憂鬱的情緒，在無法找到家人及朋友的支持，情緒沒有得到紓解，容易產生自我傷害的事件。像最近一些明星，平時可以壓抑情緒帶歡笑給別人，但是自身的情緒未能適當地管理和轉換心境，在一連串的生活及情感的壓力之下走上絕路，可見學習情緒經營管理及壓力調適的重要。

參、同理心能搭起人際的橋樑

同理心（empathy）不同於情緒的傳染（emotional contagion），在同樣的情境下情緒很容易傳染，在各式的人際團體中，我們可

以感受到團體的氣氛，情緒的傳染是從別人情緒表露變成自己的一部分，而同理心是想像自己和他人有相同的情境，將心比心分享另一個人的感覺（李鈺華、許湘翎譯，2003）。在人際之間，能以同理心來反應，對別人的情緒能有顯著的覺察，會讓別人感受到彼此之間的互動，如能生動地描繪出他人的內在情緒，能增進彼此熟悉、喜歡以及共通的感覺。

肆、家庭是學習人際關係的起點

　　家庭是我們休憩及學習成長的地方，因愛慾的情緒而攜手組成家庭，雙方的價值觀及生活習慣不同，常常會產生許多的情緒，因愛之深而讓情緒錯誤的表達，像為了吸引家人的關懷，常會以生氣或沮喪的情緒來表現，因而發生爭執。孩子在這樣的父母親的身教之下，就複製學習各種情緒的表現，像是在此環境所教養出來的孩子，會以哭鬧、生氣來吸引父母的目光，以憤怒來爭取權力，如果父母以情緒或命令的口吻來教育孩子，可能會促使孩子在一直無法達到父母期待的情況下轉而自暴自棄。

　　另外，孩子在充滿負面情緒家庭成長，會學習感染負面情緒的表現，幼時如目睹家暴發生，讓孩子同時學習憤怒的情緒及暴力的行為；另外，也看到受暴親人的恐懼、悲傷的情緒，和加暴者的後悔及雙方痛苦的情緒，在孩子的心目中學習到凡事以負面情緒來面對，沒有真正面對自己的需求，沒有把自己的需求清楚地表達出來，讓身邊的人感到很不解，而傳染生氣的情緒，親子關係愈來愈糟糕。生氣的背後居然是為了讓別人能關心自己，這

樣結果反而適得其反,所以在和諧的家庭氣氛中成長的孩子,他的情緒管理會比較好,自然會有好的人際關係。

問題討論

❶情緒包含哪些內在的感受和外在的表現?

❷請說明情緒的相對歷程論,並舉出自己親身的經歷。

❸負面情緒容易產生哪些病?

❹情緒構成的要素有哪些?

❺情緒和人際關係有哪些關聯?

參考書目

王淑俐(2003)**情緒管理**。台北:全華。

李鈺華、許湘翎譯(2003)Planlp, S.著。**情緒溝通**。台北:洪葉。

洪蘭譯(2001)約瑟夫・李竇著。**腦中有情**。台北:遠流。

張美惠譯(1996)丹尼爾・高曼著。**EQ**。台北:時報。

張春興(1999)**現代心理學**。台北:東華。

黃惠惠(2002)**情緒與壓力管理**。台北:張老師。

黃漢耀、黃明正譯(1995)帕德絲、古特雷、布魯克林主編。**身心改造百分百**。台北:新自然主義。

齊思賢譯(2000)葛拉威爾著。**引爆趨勢**。台北:時報。

蔣雪芬譯(1996)拉斯黎・班德勒、麥可・利比亞著。**E.H.:如何用NLP 來紓解你的情緒**。台北:世茂。

Eckman, P. etc. (1972). *Emontions in the human face: Guidelines for research and review of findings*. New York: Pergamon.

Chapter 3
情緒發展與輔導

人類生存於天地之間，從呱呱墜地到蓋棺論定，人際間的來往溝通是複雜而多面向的。有時面對面交談傳達訊息，有時天涯海角間接溝通；有時是靜態的，有時是動態的；有時是主動的，有時是被動的；有些是可以預期的，有些是無法預期的；凡此種種人與人彼此間最容易受到情緒的影響，喜、怒、哀、樂、愛、慾、惡……等各類情緒都會影響到個人觀感及溝通效果，甚至生活品質及社會和諧乃至國家平穩安定。

亞里斯多德說過：「任何人都會生氣，這沒什麼難的，但要能適時、適所、以適當的方式對適當的對象恰如其分地生氣，可就難上加難了。」生氣是如此的難以呈現，其他情緒如歡喜、高興、哀傷、厭惡……等又何嘗不是如此呢？實際上，情緒是一種感覺，它可以改變並影響人們的判斷。對於領導人、政治家及演說者而言，改變人們（群眾）的情緒就能改變他們的觀點，這是常常被運用的技巧。因此情緒會長遠影響我們的思考能力，不僅僅關係到決策是否明智，甚至思路是否清晰，過程是否流暢都會

受到左右，即使是最理性決策的過程也難免受到情緒的影響。

第一節　情緒發展

溝通時的情緒能引起相關他人的同理反應。如果我們用悲痛或悲傷的方式來溝通，可能我們身邊的人會同情我們並幫助我們；情緒的表達能使嬰兒在學會說話以前，表達出她（他）的感受或要求。當我們身邊的人都喜氣洋洋時，我們也會感受到快樂。情緒有時是很容易感染的，當嬰兒聽到其他嬰兒哭泣時，通常也會一起哭泣；我們自己的情緒也很容易感染他人或受他人感染。母親們似乎本能地知道，以快樂的氣氛，顯現快樂的表情，用來撫慰或感染嬰兒（Keating, 1994）。

　　情緒是一種狀態，一種歷程，也是內外在刺激所引起的，這個歷程可能包括數個階段。情緒是一種主觀經驗，相同的刺激可能導致不同人的不同情緒反應。即便是相同的人，若面對相同的刺激，因為情境對象或時間、空間的不同，也可能有不同的情緒反應。情緒跟人類的生存與成長有關（Bowman, 2001），因為情緒是個人生命的腳本，關係到個人的人生目標、境遇、個人的信念與所營造出的生存環境（引自林淑華，2002）。

壹、情緒發展與身心發展的關聯

　　人類身心發展及其變化，在嬰兒、兒童、青少年、成年、老年各時期都有所不同。也許讀者大多數為大專院校學生，可以加

以回顧個人身體的成長歷程，幼稚園、小學、國中、高中職……等各求學階段身心發展有何顯著差異與變化。基於此，每個個體都是人世間獨一無二的，但不必一定是出類拔萃的，亦即每個個體都有其特殊性，而情緒行為的變化可用來解釋其他的發展現象。有時候，情緒發展的研究討論經常會繞著遺傳與環境何者較為重要或有影響力？事實上，個體認知正在發展時，當然情緒也跟著發展；同時個體的社會發展也可能牽動情緒發展。因此，吾人認為情緒的發展對認知與社會的發展必有相互倚賴的關係，筆者試圖以數學集合的概念闡述如後：

身心發展=認知發展 U 社會發展 U 情緒發展
註：U（union），聯集的符號。

　　嬰兒的成長逐漸具有某些情緒反應的能力，以做為他（她）日後發展的基礎建構。而在嬰兒期情緒反應也會有很大的差異性，是由於天生遺傳的？或是由於情緒所產生的經驗呢？如果是天生遺傳的情緒反應型態，如何會有所改變呢？而個體的成長對情緒發展有什麼影響？譬如說，一個剛會微笑的嬰兒，其臉上微笑的含意為何？對於嬰兒或幼童而言，其情緒經驗狀態對於情緒發展有多大相關性？

　　Dunn（1982）認為對兒童行為的研究必須是在一種日常的、放鬆的、遊玩的環境中觀察他們與其父母間的互動。但是，他也認為情緒發展與認知發展應被當作「一個單一歷程的孿生層面」來研究。Dunn 極為強調特殊的情緒經驗對兒童的意義性，因為這些經驗暗含情緒發展中的認知成分。他認為情緒有兩種作用，一

種是組織體驗、其次是提供一種意義感。因此,情緒發展的變化是取決於嬰兒或兒童對刺激認知上的評估(游恒山譯,1993)。

貳、情緒發展與生物觀點

我們觀察到當嬰兒受饑餓或寒冷時就會哭泣,亦即情緒發展的源頭來自於生理的需要。換言之,情緒的產生即是驅力狀態(the state of driving force)受到阻礙時所自身體驗到的。

Bousfield 和 Orbison(1952)認為:初生嬰兒在功能上是去皮質的,以後的發展歷程中,受到皮質的支配影響卻愈來愈明顯;嬰兒缺乏某些激素,而這些激素在壓力反應時是極為重要的。嬰兒初生時,其大腦幾乎不存在「向下的」抑制性的皮質影響。這意味著人類的情緒反應與其他動物類似,因為動物即使在長大後皮質也極為缺乏。同時也暗示著,兒童的情緒儘管能迅速地喚醒,但卻不能保持很長的時間,幾乎是易於消散而不能加以維持,這也極為符合兒童日常的觀察表現。

醫學上已發現,情緒狀態也在能量上會隨著年齡而增加,這種力量大多是來自於腎上腺素的影響。腎上腺素的成長發展也頗為奇特。當兒童在兩歲時,腎上腺的重量降至剛出生時的一半,而在五歲時,又快速增加。在五到十一歲期間,增加的速度較為和緩。而從十一到二十歲時,重量又加速增升。大約在十六歲時,腎上腺素的重量才又回復到與出生時一樣。

Funkenstein 等人(1957)提出以激素為依據的有關情緒發展之觀點。從腎上腺髓質分泌腎上腺素和副腎上腺素兩者的事實中,他們指出前者(腎上腺素)是有關被動的、非攻擊性的壓力

反應（例如：兔子本身這種反應居優勢）；後者（副腎上腺素）
是有關單一的、攻擊的反應（例如：獅子本身這種反應居優
勢）。Funkenstein 等人以其研究為依據，提出人類有兩種類型的
憤怒。一種是內在憤怒型，即是壓抑自己，把事情封閉於心理並
怪罪於自己——腎上腺素佔優勢；另一種是外在憤怒型，即是表
達出自己的怒氣並怪罪別人——副腎上腺素佔優勢地位。他們認
為兒童本身總是副腎上腺素佔較優勢，直到成年之後，副腎上腺
素才會與腎上腺素抵銷而維持均衡，否則就仍佔有較大份量。吾
人認為這些觀點相當引人興趣，但仍有極高的推測與爭議（游恒
山譯，1993）。

參、內化與情緒發展

內化（internalization）指的是，由外在的學習轉化為個人內
在的興趣、態度、價值等心理特質。如果某一兒童在沒有外在干
預的情況下學會去抑制某些行為的發生，即可以說他已經把抑制
自己去做某事的行為內化了。主觀而言，對於愉快、恐懼或焦慮
等情緒變化會隨著導致獎賞或懲罰的日常行為而發生。而後，類
似這些積極或消極的情緒會與兒童的理解發生聯繫，亦即對情境
的認知。因此，當兒童考慮做某事而在實際去做之前，可能會有
愉快（正向情緒）恐懼（負向情緒）的產生。

Aronfreed, J（1968）強調作為內化的產生，兒童必須能體驗
到與某些行為相關聯的情緒變化，這些體驗或許只從觀察便能發
生，同時也強調模仿的重要性，兒童會模仿著他從觀察模式中得
到愉快結果。所以，善加運用情感對模式的知覺和認知是有相關

的。認知是具有決定性的,因為認知能使兒童很容易加以控制被擴張的情緒。兒童能夠記住其社會經驗,而且這些記憶具有情緒的成分。所以兒童能回憶起這些,並且能夠預料到可能的獎賞或懲罰。最後,兒童以自己的行動去製造「好的」情感並避免製造「壞的」情感(安宗昇、韋喬治等譯,1987)。

總之,兒童從察覺其情緒的認知學會了控制自己的行為。情緒的變化可能靠直接的體驗或模仿得到獎賞的模式而發生。因此,嬰兒已與某個成人形成了良好的社會連結,內化就可能產生。這種分析情緒發展的理論,乃是濃縮了認知探討和稀釋了行為主義理論的混合體。

肆、情緒發展與兒童遊戲

我們觀察兒童的遊戲內容非常單純,而且一再重複,他們用重複的遊戲幫助自己去處理突如其來的情境,也設法控制可能產生的焦慮,因此遊戲在整合兒童情緒方面,使其更成熟的人格發展具有重要的影響。

雖然有人認為外太空是人類最後一片未開拓的領域,但事實上,或許人類的幼年兒童階段才真是我們未開拓的領域。我們對複雜的幼年期所知是有限的,並且缺乏努力去探索及了解幼年期的意義,因為許多大人們並不願意虛心地向小孩子學習,然而能了解孩子的唯一方法便是由孩子身上學習。在兒童輔導過程中,兒童展現各種可能的情緒,減低了人格上的複雜性。經由輔導者及孩子對輔導者的感受,這些因素促成兒童能表露出各種可能的情緒。

　　兒童情緒激發會驅使兒童參與遊戲，反過來說，兒童遊戲又對情緒發展產生影響，其關聯性敘述如後（高淑貞譯，1994）：

一、情緒發展是促進遊戲的一種原始的動機系統。

二、高度驅力狀態和情緒發展的相互作用會產生扭曲和破壞遊戲的作用。

三、兒童遊戲的吸引力是從享樂和興趣的情緒發展增強而來的。

四、兒童如果從有興趣的遊戲中受阻，消極的情緒發展便會產生。

五、兒童遊戲中，興趣與憤怒間的相互作用，會導致攻擊性的產生。

六、兒童從遊戲中裝扮角色投入的程度會影響情緒發展的平衡性。

七、厭惡會導致迴避遊戲中的活動。

八、兒童認知和情緒發展會使兒童遊戲活躍起來，因此而能刺激兒童情緒與智力的發展。

第二節　情緒輔導

　　在情緒輔導過程中，當事人的情緒是輔導處理的重點之一，也是輔導是否有效的指標之一，亦即是將當事人情緒轉變視為輔導效果的評量之一。情緒是一種主觀經驗，相同的刺激可能導致不同當事人不同情緒反應。即使相同的當事人，面對相同的刺激，因情緒、時間或對象不同，也可能有不同的情緒反應。

壹、情緒輔導與身心疾病

　　兒童、青少年屬於學生求學的黃金歲月，在父母的呵護、師

長的指導、朋友的支持中成長，因為年輕力壯，身體健康一向視為理所當然，但也有少數同學顯現疲累，上課精神無以為繼，早上第一、二節就開始打瞌睡，我們建議這些同學儘速健康檢查或至醫院看診。身體不適必然影響精神心理層面，而情緒就是各種心理異常的若干因素之一，心理異常與四種情緒狀態有關（plutchik, 1993）。

一、情緒過度極端

二、缺乏情緒或情緒受限

三、強烈的情緒衝突

四、情緒歷程中的認知、情感、生理與行為中的一環受阻。

　　青少年喜歡吃速食、喝大杯涼飲，甚至暴飲暴食，凡此異常飲食習慣或與生氣情緒有所相關，所以有「少之時，血氣方剛、戒之在鬥」的勵志理論。其他諸如生氣情緒的表達過度，悲傷與快樂情緒的表達不足，或由於語言技能不足，也會影響情緒調適能力的社會化，而導致青少年問題的產生。遭受身體傷害，不論其受害程度如何，若無適當輔導以止痛療傷，則這些受創者可能會情緒麻木或缺乏情緒發洩，而導致創傷症狀愈來愈嚴重。擁有快樂情緒者大多是身體健康樂觀進取的人，快樂者比不快樂者有更好的社會關係。

　　情緒不只與心理狀況有關，當然與身體健康關係密切。每一種情緒都有其獨特的生理成份。如果時常覺得自己受屈辱，長期下來會造成潰瘍性結腸炎；時常覺得自己身陷險境，長期下來會造成原發性高血壓；不只如此，任可疾病，都有其情緒上的原因（李素卿譯，2002）。

　　父母親是孩子的第一個老師，家庭是孩子最原始的教育場

所，父母與子女之間有著濃濃的血緣關係，因此親子之間的互動
格外特殊而顯得特別重要，父母之於子女，不但有生育、撫育、
養育、而且兼有教育的極至功能。父母親最在意的是兒女的身心
健康，以免於感染疾病為要務，當然兒女情緒的發展與輔導也是
相當在意的職責。

親子之間的溝通，有的可加強管教效果，但有的會造成疏遠
（疏離），甚至親子反目。Gordon T.（1989）認為在面對子女的
不當行為時，有十二種父母採用的管教方式使得親子間產生反效
果，如：恐嚇、命令、取笑、批評、查問、建議、教導、訓誨、
打岔、分析以及不適當的鼓勵與稱讚。父母親將個人感受分為基
本情緒和表面情緒。如憤怒是表面情緒，根源是對子女的擔憂，
而擔憂是屬於基本情緒。如父母只察覺到自己的表面情緒，便會
向子女發出「你」的信息。如：「你這個做人子女的，只會讓我
生氣！」雖然憤怒確實是當下父母的情緒反應，但在子女面前，
應節制這類情緒，亦即先做好自我情緒管理，才能對子女做情緒
輔導；父母親自己也應了解自己的內心深層感受，如對子女的擔
憂，以表達自身的感受為主，以很清晰的立場指出子女的某些行
為給父母造成的困擾，父母先掌握自我情緒，這樣的情緒輔導有
助於子女學會體察他人感受並進而調節自己的情緒與行為。

貳、青少年的異常情緒與輔導

近年來，中小學、大學院校積極投入學生輔導，從訓輔合一
到教、訓、輔三合一的輔導策略整合，並與大學院校的學生輔導
諮商中心做橫向面與縱向面的結合。大學院校導師、專任教師及

相關學校人員不斷進修研習青少年情緒與行為輔導問題，足證青少年情緒異常的比例及程度上必須嚴肅面對介入輔導，以下是青少年不良情緒的表徵：

一、**容易受到刺激、憤怒**：遇到問題不冷靜思考，常為一點小事生氣，懊惱，甚至吵架打鬥；表現外在行為常常具有攻擊性、破壞性、情緒性與衝動性。

二、**叛逆與敵對**：常對父母師友尊長的教導與要求不予接受、不支持甚至故意唱反調，心存偏見，造成對立氛圍。

三、**遇事敏感膽怯**：做起事來畏首畏尾，容易緊張（nervous）、過度興奮（excited）；在與人交往中過於重視別人對自己的看法與評價，會感到心煩意亂、懷憂喪志。

四、**焦慮（anxiety）**：常常感到坐立難安，心神不寧或惶惶不可終日，似有大難臨頭之感，伴隨著心悸、呼吸急促、盜汗、甚或暈眩等生理疾病出現。

五、**疏離感與冷漠**：即是感性的萎縮，常常感覺遲鈍，缺少青少年的熱烈與激情，對團體或他人漠不關心。

六、**厭煩與無聊**：對社會現實、日常際遇感到厭煩、不滿，對周遭事物感到無聊而興趣缺缺，莫名其妙的情緒出現，甚或伴隨著悲觀厭世，或自殺傾向。

七、**憂鬱**：長期情緒低落，心理煩燥、失望悲觀、灰心喪志等。常感到命運多舛，時運不濟，時常嘆息抱怨，遇事總是往壞處想，希望破滅，進入思路的死胡同，終日抑鬱寡歡。

身體疾病導致人的情緒變化，同時人的情緒也直接關係著人身健康、工作心情，事業成敗與生活品質。因此，預防或輔導青少年的異常情緒乃是當務之急。

一、家庭與學校、社會同等重視青少年的身心健康，建議產、官、學界共同著力於青少年情緒輔導工作。社會就像一個大染缸，端正社會風氣，建立公平合理的競爭機制，防止不良風氣對青少年心靈的污染，使青少年生活在優質的家庭、學校與社會。

二、教育體系應發展健康情緒教育，提升學生正向情緒，強化情緒輔導功能，推動心理輔導諮商與治療。

三、鼓勵青少年投入大自然的懷抱，培養天地寬廣的胸襟，凡事往好處想，做到不以物喜，不以己悲的境界。

四、整合家庭、學校、社區資源，以科學、理性、愛護青少年的心理轉移青少年合乎倫常的注意力及行為宣洩；加強青少年人際溝通，激勵群性發展，建立同儕成長的情境。

五、從日常愉快的生活體驗中，使青少年感覺到友情、親情、手足之情、人情的溫暖，進而改善祛除消沉負向的情緒，忘掉過去的挫折與失敗，迎向充滿希望的未來。

🔲 第三節　理性情緒輔導

　　理性情緒輔導的基本理論由 Albert Ellis 所創。強調持續不斷的不舒服情緒（生氣、憤怒、焦慮等）是來自於不合理的信念。一般人輕易地把情緒的引發歸究於周遭的人事和情境，而很少或從不思索自己對人事的解釋是否異常或偏差，是否合乎邏輯倫常？因此整個輔導過程即強調並釐清其信念，駁斥不合理的信念，再重整新的合乎理性的信念。

　　一般而言，人類主要有三種心理層面的功能：思想、感覺與行為。這三種層面彼此相互糾纏與關聯，三者若改變其一，必相繼影響或改變其他兩項。所以如果個體改變他們對事件的思考方式，他們很可能對事件有不同的感覺，甚至會改變他們對事件的反應行為。行為心理學把改變行為的焦點放在改變環境事物上；認知心理學把改變行為的焦點放在改變思考（想）的內容，從 Albert Ellis 起始的一些心理學家就直接處理情緒，直接將情緒的問題視為焦點，把認知做為人類情緒最重要的決定因素。簡言之：我們的感覺是我們所思想的，事件和別人不會使我們「覺得好」或「感覺不好」，在認知上我們使我們自己有這些感覺。因此，過去或目前的外在事件成為我們情緒的因素，但不會直接或「引起」情緒。質言之：我們的內在事件才是我們對這些外在狀態的知覺和評價，即是我們的情緒反應最直接有力的來源。

壹、基本原理

　　理性情緒行為治療法源自於一些理論基礎，在哲學方面艾皮科蒂塔的一句名言：「人之所以有煩惱，並非源自事件本身，而是他們看待事件的角度」（Dryden, 1990），是理性情緒治療法的基本信條。在生物學方面 Ellis 認為人類天生具有傾向於非理性信念，這種非理性信念會導致自毀性的情緒與行為後果（Ellis, 1976），這種人類非理性思想的生物學基礎，是構成心理困擾的主要因素（黃素雲，2005）。

　　情緒是一般行為及行為改變的重要動機來源。事實上人類情緒與行為有某種程度的關係。當一個人沒有經驗到情緒，或在另

一極端（表現過度情緒），會失掉行為的效率。例如，極度焦慮的學生可能在測驗上表現差；一點也不焦慮的學生因無唸書的動機而表現也同樣不好。「理性」雖不指被動地接受事件。但事件一般分為兩類：我們可能改變的事件及我們無法改變的事件。接受一件不幸的事實，總是會覺得不舒服，認清不幸的事實存在是不愉快的，但是假如硬要強迫自己去堅持或要求這種不幸的事實沒有發生，那就是不合理的。

　　理性情緒理論的基本原理如下（吳英璋、王守珍，1991）：

一、認知雖非唯一，但都是最重要的決定因素。

二、非理性的想法經常造成功能失調的情緒狀態。

三、我們天生有非理性的想法和使自己不舒服的傾向，這些傾向被環境所強化。

四、我們經由對自己強化非理性想法，而使不舒服的情緒一直保存下來。

五、減輕情緒煩惱最有效的方式是改變我們自己的想法和行為，這是以持續性和練習來完成的工作。

六、理性想法導致情緒困擾頻率，強度和期間的減少，而非使情緒平淡或缺乏感覺。

　　Ellis 認為人在日常生活中因受到環境的影響，很容易將非理性的狀況納入信念系統（Belief System）之中。因此理性情緒輔導應該增加人類對於理性與非理性的區別能力，修正錯誤（非理性）的思考，轉為合乎理性的思考。讀者對於非理性信念的特質與種類，具體了解領悟才能加以修正，非理性信念的特質如下（吳英璋、玉守珍，1991）：

一、非理性信念不是事實，非理性信念不跟隨著實際情況變化，

可能發軔於不正確的前提，並導引出不正確的推論，因此一切證據均不支持它，且會有過度類化的現象。非理性信念常會對情境傾向於極度的誇大，這可在所用的描述語上看出，例如：可怕極了、恐怖至極、令人毛骨悚然等。這個例子的非理性信念可能是「如果她離開了，我絕對承受不了」。如此敘述句顯然不合乎事實。

二、非理性信念是一項命令，它代表的是一種絕對的觀念而非機率的哲學，通常以命令（相對於期盼）、應該（相對於寧願）和強求（相對於需求）的形式表現。這種信念從孩提時代就有過度學習的傾向，而且是奠基於對自我、他人或環境的自戀式或誇大式要求。

Ellis 用三個「必須」來描述它：

我必須：（做好、受到讚賞⋯⋯等）

你必須：（對我好、愛我、喜歡我⋯⋯等）

世界必須：（公平對待我、將我要的以最快最方便的方式供給⋯⋯等）

由於這些衍生出來的說詞，一般都是這種的形式：(1)這太可怕了，(2)我沒辦法忍受，(3)我是個差勁鬼，因為我表現的很糟糕。有時，我們甚至要處理完全相反的兩種「應該」——例如：既要求要賺大錢，同時又渴望所有的人都要喜歡他；但事實上如果目的是賺大錢，你勢必會傷了其他人的情誼！

三、非理性信念會帶來令人困擾的情緒。麻木不仁或焦慮感會使人衰弱，最低限度也會使人沒有生產動力。若有病人近來情

況不甚樂觀，而又這麼想：(1)「功能差並沒有什麼大不了。」或(2)「我的能力這麼差，那不是一件很可怕的事嗎？」如此病人可以較理性的想法引發他較適當的反應，例如：「的確是這樣，我仍將努力使自己變好，而同時這並不可怕，縱使能力有多差，也不會到世界末日。」

四、非理性信念不會幫助你達到目標。如果一個人常為不愉快的情緒所苦，他將很難在人生旅途中佔在最有利的位置過日子、創造快樂和消除不幸。有一男子為：「如果我太太離我而去，我絕對承受不了。」這一男子會繼續擔心太太會離他而去，有所擔憂怎能快樂起來？怎麼可能達成目標？

　下面列舉出幾種主要的非理性的信念：

一、我絕對需要生活情境中的每個重要人物的喜愛和稱讚，如果不是這樣，那就太恐怖了。

　　1.我無法忍受被稱為閹割的男人或女人。

　　2.沒有人喜歡我。

　　3.如果他對我生氣，我將無法忍受。

　　4.如果我做了那件事，我會是個傻瓜。

　　5.如果有人當眾侮辱我，我就無地自容而不想活了。

二、當有些人的行為不好的、不公平的，他們就應該受到責備、非難和處罰，因為他們是壞人、朽木、敗類。

　　1.如果我的父母或親人公正無私，我就不會陷入這些麻煩之中。

　　2.我希望能看到他受到報應。

　　3.他的行為不好而受到處罰是理所當然的。

　　4.男性都是好戰的，也是排外的高等動物。

5.這全是他的錯，他活該如此。

6.他很愚蠢，他不該那樣待我，我會向他報復。

三、如果事情不是像我所喜歡的樣子，那會是很可怕的事。

1.我不敢想像不是這樣子的後果。

2.不是我喜歡的樣子，我就做不下去了。

3.如果我大學畢業而無法進入研究所，……噢，老天爺！那多可怕！

4.如果他再那樣做，我會尖叫而精神崩潰。

5.我自己這麼肥胖，我真受不了我自己了。

四、如果事情很含混或潛在有很大的危機，我就應該感到焦慮。

1.可能有重大而不祥的事要發生了。

2.噢，老天爺！似乎沒有人了解這件事情的嚴重性。

3.這件事不斷在我腦海中盤旋。

4.我要跟那傢伙相處嗎？那我怎麼確定不會有重大危機發生？

5.如果你一點都不覺得不舒服，你可能不了解狀況。

五、除非我很有能力、很沉穩、永遠都能獲致成功，否則我會一點價值都沒有。

1.我簡直是個白痴、愚蠢到極點。

2.沒有了他（她），我便一文不名或身敗名裂。

3.除非我永遠獲致成功，否則我不能面對自己。

4.我不夠聰明，也不夠努力，必定不能進入研究所就讀。

5.我如果現在退休，我很懷疑我到底能做些什麼？

六、每個問題都應該有一個最佳的解決方法，我必須很清楚而且很完美的掌握。

1. 我只是不能下定決心而已,如果我不斷地搜尋解決方法,我一定會找到的。

2. 必定有更好的方法可以解決所有的問題。

3. 如果留下來,我會很慘,如離開了,我也會很慘。

4. 那不是在冒險嗎?但我又能如何做決定呢?

七、這世界應該是公平公正的。

  1. 主管憑什麼這樣對待我?這太不公平了

  2. 為什麼這些「衰」事都發生在我身上?真是太不公正了。

  3. 他不配中樂透彩第一特獎,這世界太不公平了。

  4. 公司無權開除我。

  5. 他不該這樣做,但我做了一切我被認為要做的事。

八、我應該隨時都能感到舒服而無病痛。

  1. 我無法忍受這麼激烈的爭論。

  2. 我需要如此憤慨嗎?但我不喜歡憤慨。

  3. 什麼,要我去照大腸鏡?那簡直太痛苦而要我的命。

  4. 我怕懷孕或結婚,因為生孩子和養孩子負擔太重,又太痛苦了。

  5. 我實在很饑餓,又可能會受傷,而這太離譜了!

    理性情緒輔導是基於認為,人們生而同時具有理性、正確的信念思考,同時有非理性、扭曲的信念思考之潛能。以上是人們常犯的非理性信念思考,也因為這些而常常不停地困擾自己,有時接二連三受困於自己所潛在的非理性信念思考所製造出來的困擾。但人們亦有能力改變自己的信念思考,進而改變自己的情緒和行為。

貳、ABCDEF 理論

Ellis 提出著名的 ABC 理論，後來學者逐步充實成為 ABCDEF 理論或 ABCDEF 治療法，其架構如下：

A（activating events）→B（belief）→C（emotional and behavioral consequence）
　　引信事件　　　　　　信念　　　　　　　　情緒和行為的結果
　　　　　　　　　　　　　　↓
　　　　　　D（disputing）→E（effects of disputing）→F（new feeling）
　　　　　　駁辯干預　　　　　　駁辯效果　　　　　　　新感覺

ABCDEF 理論是情緒治療（輔導）法的理論與實務之基本核心。A是既存的事實、事件、或一個人的行為或態度。C是情緒與行為的結果、或一個人的反應，反應可能適當或不適當。A 是最原始的引發事件並不能導致C情緒與行為的結果，A最直接導致B信念的產生，而 B 信念產生才導致情緒和行為結果 C。例如，如果一個人罹患三期癌症後感到沮喪，這不是三期癌症本身引起的沮喪反應，而是這個人對於體弱、無助或失去健康所持的信念所引起的。Ellis 認為絕望與無助的信念（B）才是導致沮喪（C）的主因，而不是罹三期癌症這一引發事件（A）。因此，人要為自己的情緒反應與困擾負起責任。理性情緒輔導法的核心在於，導致人們如何改變其困擾情緒的非理性信念。

情緒障礙或情緒困擾是怎麼產生的呢？根據 Ellis 的說法，乃是一個人不斷地對自己重複告知那些不合邏輯，亦即不合理性的語句所造成的。例如：「我是因循怠惰，我做的每件事都是虎頭蛇尾無法成功的」、「我是可憐的失敗者，我一直無法集中精神，常常藉故拖延」、「我應為離婚而受到責備」……Ellis 一再

指出「人們怎麼想，就會有怎麼樣的感覺」。困擾或障礙的情緒反應，如焦慮、沮喪、憂鬱，是由自我懊悔，自我挫敗信念引起的，而這些信念是長久造成的，以及來自於人們本身的非理性信念及想法。

A、B 與 C 之後接著的是 D，亦即駁斥（disputing）。理論上，駁斥是一種科學方法的應用，協助當事人向他們的非理性信念挑戰。因為當事人可以學會理性的原理原則，而這些原理原則可用來摧毀任何不實際而無效的假設。Ellis 指出駁斥的歷程包括三要素：偵測（detecting），辯論（debating）與分辨（discriminating）。首先，當事人要學會如何「偵測」出自己的非理性信念，尤其是絕對性的語句：「必須」、「務必」、「應該」，以及「自我驚嚇」（self-awfulizing），「自我貶抑」（self-downing）的信念；其次，要試著與這些功能不佳的信念「辯論」，亦即進行理性與驗證性的質疑，使自己與這些信念做激烈的辯論，以得到不同的結論後表現出新的行為。但最重要的是，當事人要學會分辨非理性的信念與理性的信念。

理性情緒輔導法使用很多認知的，情緒與行為的方法來協助當事人克服其非理性信念，同時也非常強調駁斥歷程的進行，也需要在實際生活中不斷地演練。再次進入 E 的階段，即是駁斥的效果（effects of disputing），這是生活中最實際的部分，指能獲得新穎而有效的理性思考信念，能以合宜的思考取代不良、不恰當、不合宜的非理性思考。如果能順利到達此境界，就會創造出 new feeling，乃是一種新的情緒型態，不再像先前那種消沉、焦慮或沉悶，能配合情境而有適當的感覺（李茂興，1996）。

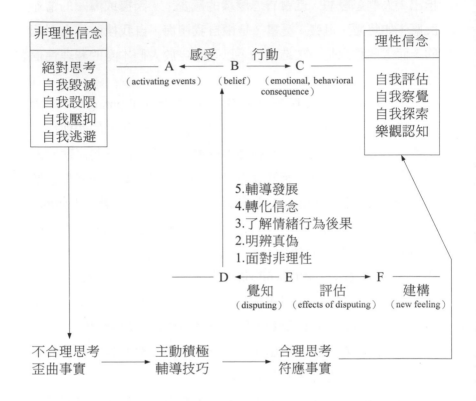

參、理性情緒輔導技術

　　各級學校教師包含幼稚園、中小學、大學等都是直接面對各種不同階段教育的學生，也是會主動引導學生學習、適應生活、面對問題解決問題的第一線輔導工作者，茲提供理性情緒輔導技術，示意圖如上。

　　依據理性情緒輔導技術示意圖，吾人可提出情緒輔導的準則步驟：

一、激勵學生去思考發掘所謂困擾情緒行為的非理性信念。

二、激勵學生從現實情況去驗證原有的非理性信念。

三、學生驗證後加以自我陳述，老師再向學生說明其非理性信念中不合邏輯的原由與項次。

四、教師可應用輕鬆幽默態度來當面質問學生的非理性信念。

五、運用邏輯分析治療學生的非理性信念。

六、向學生說明這些非理性信念的功能如何不適當，以及這些如何導致情緒困擾行為的產生。

七、指導學生有系統證據基礎的理性信念，以取代原有的非理性信念。

八、教導學生如何用科學方法思考，使學生可以觀察並覺知現在或未來的非理性信念及不合邏輯原則的推理，認清此即是助長自我困擾、障礙的感覺與不當行為的源頭。

八、運用正向情緒與行為的輔導方法，協助學生直接處理其感覺，並能直接對抗其情緒行為困擾。

🔲 第四節　對青少年情緒輔導的整合

　　青少年階段是人生發展過程中最為重要的一環，本階段的青少年正逐漸從原生家庭到外地求學、做事，似是分化成獨立的個體，亟思建立起完全屬於自己的價值體系與思想態度，但又受到溫馨、親和、約束緊密的家庭親子親情關係的束縛，常常面對內在與外在與生命生活有關問題的影響。

　　外在面對的問題如：學業定向、金錢、時間管理、人際關

係、感情親密關係、職場生涯發展……等；內在生活生命相關問題如：自我概念、自我分化、情緒依附、自我實現……等。其中以內在最為緊要，內在面對的問題處理得宜，必會對外在形成良性影響，而其中內在方面以情緒發展與依附輔導便成為青少年是否具有良好適應能力的指標。

研究發現青少年憂鬱、自殺、暴力與生活困境、家庭困境、人際困境等環境因素及死亡概念有關（許文耀、林宜瑾，1999），環境因素中，個體的生活事件是造成壓力的主要來源，而來自家庭、同儕的社會支持為中介變項可降低自殺意念的發生，然而從輔導諮商的角度來看青少年偏差行為問題，個體內在因素是一項極為重要的指標，在面對個體本身生理、心理因素及面對環境不可避免的生活適應壓力，個體如何運用內在外在資源來因應多變的社會，乃是青少年心理上相當重要的課題。

面對青少年情緒輔導問題，宜從家庭、學校及社會三方面資源整合。

壹、家庭親職教育

有怎樣的家庭，就有怎樣的子女；有怎樣的父母，就有怎樣的子女；西諺說："Like parents, like children"，在生育、養育、教育子女的過程中，妥善扮演父母的角色之外，應重視事項如下：

一、隨時注意子女身心健康與正常發展。

二、營造溫馨、快樂、和諧的家庭環境，以利孩童身心發展。

三、家庭生活起居互動，父母應做為正向情緒管理的楷模，子女

在潛移默化中學會正向情緒管理。

四、父母應有終生學習自我成長的進修充實修養，能有成熟輔導子女的良好策略與技巧。

五、提撥充裕時間安排家庭聚會活動，提倡人文素養閱讀、旅遊與各類正當休閒活動。

貳、學校情緒輔導教育

理性情緒輔導過程中的引發事件 A（activating events），亦即是日常發生的生活事件，如：面臨抉擇、面對考試或升學壓力，就業不如意或困難等問題，生活困窘經濟拮据，甚至面對天災人禍……等，情緒輔導青少年，使其有情緒調適能力，並善於運用資源：

一、對於青少年的生活事件予以有效掌握評估，並予以案例指導。

二、學校情緒輔導教育工作，不論導師、科任老師或輔導人員應具有相當的敏感度去了解評估青少年青春期的困擾、生活壓力，人際壓力、感情事件、挫折來源、精神疾病等。

三、運用擁有的社會資源，了解青少年的重要人際網路。在情緒輔導時，對人際關係方面正確而有深度的評估是極為重要的。

四、提高學生情緒覺察的能力，不論青少年外在是怎樣的行為表現，覺察並找出內在的情緒是必要的。

五、提高學生情緒調適的能力，增強青少年個體挫折容忍度及面對壓力的免疫性。

六、從認知的角度增強學生情緒調適能力，試圖找出不合理信念
　　的思考模式。

七、鼓勵青少年探取行動抒解壓力，如：找人談心、多多參加社
　　團，平時培養多元生活興趣或投注於某些公益團體活動中。

參、情意教育的社會資源整合

　　近年來，幾乎所有父母都傾全力教育子女，打從懷孕開始即
重視胎教，孩子出生後，即刻意安排舒適生活及優良教育環境，
期盼子女早日邁向成功之路。醫藥科技進步，教育普及且年限延
長，台灣地區高等教育機構發達，大學學院及專科學校數已高達
168 所，只要有意願唸大學，百分之百以上可以如所願。按此，青
少年發展之成熟度，應較以往年代為優秀傑出才是。但現今社會
青少年偏差行為之日益增多現象，卻是存在的事實。

　　現今社會為青少年所安排的教育，偏向主智教學，過分功利
取向，而忽視青少年情意的發展，終致造成反效果。因此，社會
各界應共同重視情意教育。

一、寓情意於社會教育建構之中，藉著社團、宗教、人文與公益
　　的力量，提供青少年情意發展的舞台，讓青少年扮演好自己
　　的角色。

二、培養青少年有感人之所感的同情心與設身處地的同理心。

三、養成青少年開放的觀念，靈活的思想以及善於處事待人的能力。

四、培育青少年尊重別人的禮貌與關懷社會的態度。

五、教育青少年分清楚責任的歸屬及負起責任的能力。

問題討論

❶請以實際事例，說明情緒發展與身心發展的關聯。

❷青少年的異常情緒有哪些？如何預防與輔導？

❸日常生活中，您曾有過哪些非理性信念？試舉其一例應用於理性情緒輔導模式之中。

❹從您家人的情緒管理模式中，你學到了哪些正向情緒輔導？

參考書目

王守珍等譯；吳英璋，玉守珍校閱（1991）**理性心理治療**。台北：大洋。

林淑華（2002）**國小學童情緒管理與人際關係之研究**。國立屏東師範學院國民教育研究所碩士論文。

游恒山譯（1993）**情緒心理學**。K. T. Strongman 著。台北：五南。

安宗昇、韋喬治譯（1987）**情緒心理學**。K. T. Strongman 著。台北：五洲。

高淑貞譯（1994）**遊戲治療：建立關係的藝術**。台北：桂冠。

李素卿譯（2002）**感性與理性──瞭解我們的情緒**。台北：五南。

黃素雲（2005）理性情緒行為取向督導模式。**輔導季刊，41**（3），23-30。

李茂興（1996）**諮商與心理治療的理論與實務**。台北：揚智。

許文耀、林宜瑾（1999）自殺危險性發生模式驗證。**中華心理學刊，41**（1），87-108。

Aronfreed, J. (1968). *Conduct and conscious: The socialization of internalized control over behavior.* New York: Academic Press.

Bowman, G. S. (2001). Emotions and illness. *Journal of Advanced Nursing, 34,* 256-263.

Dryden, W. (1990). *Dealing with conger problems: Rational-emotive therapeutic interventions.* Sarasota, EL: Professional Resource Exchange.

Ellis, A. (1976). The biological basis of human irrationality. *Journal of Individual Psychology, 32,* 145-68.

Keating, C. R. (1994). World without words: Massage from face and body. In W. J. Lonner & R. Malpass (Eds.), *Psychology and culture* (pp. 175-182). Boston: Allyn and Bacon.

Plutchik, R. (1993). Emotions and their vicissitudes: Emotions and psychopathology. In M. Lewis & J. M. Haviland (Eds.), *Handbook of emotions* (pp. 53-66). New York: The Guilford Press.

Chapter 4

認識壓力

壓力是生命的調味料,沒有壓力就死亡(Stress is the spice of life; the absence is dead.——Hans Selye,1964),壓力是一種生命力量的泉源,亦或心理上、精神上的負荷!

第一節　壓力的涵意與種類

壹、壓力的涵意

「壓力」這個名詞本源於物理學和工程學,意思是指一些樓宇或橋樑,在颱風或地震等的外在惡劣情況下,可能要承受的額外強力。這種力量有時很大,足夠令樓宇或橋樑在負荷太重震垮,此涉及物質能量與抵抗緊張的能力。後來「壓力」被醫生所借用;心理學上,「壓力」這個概念,其意義更為複雜化及多元

化。

心理學中「壓力」的定義：「人們對生活環境變化的一種心理反應。」生活壓力基本上就是生活的波折，沒有人可以完全避免。

詳言之，心理學將壓力分三層面加以解釋：一、將壓力視為刺激；二、將壓力視為反應；三、將壓力視為從刺激反應的歷程。

一、將壓力視為刺激

Moriss（1990）認為：「壓力是指會引起緊張或威脅，並且個人必須去改變或調適的環境事件。」我們身處在一直不斷變化的環境中，有許多事件會讓我們改變行為以因應環境的需求。例如學生面對期末考時犧牲看電影，全力以赴準備考試，考完之後再以欣賞線上名片以自我鼓勵一番；為避免早上上班塞車提早出門。正常情況下，這些事件都不是壓力，因為它並不會帶來威脅與緊張，但如果期末成績太差二一被當掉而遭到退學，上班時間，突然發生緊急交通狀況，未能準時主持預先安排的會議，必然形成心理上的壓力與緊張焦慮，此時謂之「壓力源」之一。其他如常處鄰近機場飛機起降的噪音、經濟不景氣的失業、參加國家考試的患得患失。

二、將壓力視為反應

所謂壓力是指個體於自覺適應困難、自尊受到貶抑、力不從心等威脅之情緒下，所產生的身心反應（三民書局新辭典彙編委員會，1989：490）。張春興（1992：630）認為：「壓力是指個

體生理與心理上感受到威脅時的一種緊張狀態，此緊張狀態，使人在情緒上產生不愉快甚至痛苦的感受。」易言之，壓力反應包括心理反應，例如：緊張、焦慮、害怕、憂慮、不安；生理反應：心跳加快、血壓上升、頭冒冷汗、口乾舌燥、手腳發抖等。

三、將壓力視為歷程

同樣的情境、事件對某些人而言為壓力源，但對某些人來說卻是稀鬆平常；而相同的壓力源，有些人表現明顯強烈的反應，有些人雖激起淡淡漣漪，反應卻是平平。例如：主動學習、積極努力、準備充分，從容面對考試，即使考試影響晉陞、謀職，亦能輕鬆迎接困難與挑戰，如此，對他而言，考試不是壓力。但若被迫參加考試，看到書時，頭昏眼花，讀書效果事倍功半，考試有成敗，因此，考試對他而言，是一種沉重的壓力與負擔；加上緊張焦慮、患得患失的心理，則考試壓力轉成心因性疾病，失眠等症狀則容易出現在考生身上。

易言之，從個體而言，「壓力」是個體對於加諸於其上的任何要求，預期將來可能發生的不愉快主觀感受，意指壓力內含有三種成份，包括有內外在環境、對環境的詮釋以及情緒與生理等身心靈對內外在環境刺激所產生的不愉快反應（姜得勝，2003）。大凡一個人對內在環境的刺激或壓力形成反應，其前提是當事者對該事件刺激對其個人在認知價值信念上是很重要且有意義的。因此外在環境的刺激形成個體的壓力，主要來自個體對於造成壓力事件的理解與認知與詮釋是主要關鍵因素。

貳、壓力的種類

壓力是生命的調味料,是生命力量的泉源亦或是心理上、精神上的負荷!當壓力是長期性或沉重的,導致人體無法承受時,因此壓力對人的影響有正、負兩方面。

Selye(1964)依壓力產生的效應,分為良質壓力與劣質壓力;依個體對壓力的負荷程度,分為輕度壓力與過度壓力。Atwater(1994)依個人對壓力的反應程度,分為輕壓力、中壓力、重壓力。若依壓力事件性質,壓力可分為正面事件壓力、負面事件壓力。

一、壓力產生的效應

壓力的即時作用,幾乎都是不舒服的、不愉快的,但長期效應卻是不同的。

㈠良質壓力

所謂良質壓力,是指長期而言,會產生正面、積極與結果順利的壓力。例如職務異動,就任新職、結婚、代表對外參加比賽等,帶來個人成長與團體的榮譽。

㈡劣質壓力

所謂劣質壓力,是指就長期而言,會產生負面、消極與結果不好的壓力。日常所見的壓力如生意失敗、失婚、失業、考試落榜等。

二、依個體對壓力的負荷程度

㈠輕度壓力

所謂輕度壓力，是指在個體所能容忍，可以處理因應也不會產生太多負面反應壓力，在一般正常情況下，大部分的壓力都屬於輕度壓力，如一切就緒準時前往機場搭乘原訂班次飛機；周詳準備考試事宜，按一定時間到達試場參加考試。

㈡過度壓力

所謂過度壓力，是指超過個體所能容忍，無法因應因而造成嚴重後果的壓力，如一位奉公守法的公務員用其退休金，孤注一擲投資股票，一夕之間，股市崩盤所造成之損失；921 大地震，眼見軍中袍澤好友喪葬其中的傷痛。

三、依個人對壓力的反應程度

㈠輕壓力

所謂輕壓力，是指能激發個體變得更警覺、積極及機智的壓力。常言：「生於憂患，死於安樂。」有則故事：

日本北海道出產一種味道珍奇的鰻魚，海邊漁村的許多漁民都以捕撈鰻魚維生。鰻魚的生命非常脆弱，只要一離開深海區，不要半天幾乎全部死亡。

奇怪的是，有一位老漁夫每天出海捕撈鰻魚，返回岸邊後，他的鰻魚總是活蹦亂跳的，其他幾家捕撈鰻魚的漁戶，無論如何處置捕撈到的鰻魚，回港後全部死光光。

由於鮮活的鰻魚價格遠超過死亡鰻魚的一倍，所以沒幾年功

夫，老漁民一家變成遠近聞名的富翁。周圍的漁民做著同樣的捕撈鰻魚營生，卻一直只能維持簡單的溫飽。

老漁民在臨終時，把秘訣傳授給他的兒子。

原來，老漁民使鰻魚不死的秘訣，就是在整倉的鰻魚中，放幾條「狗魚」的雜魚，鰻魚與狗魚非但不是同類而且是出名的「死對頭」。幾條勢單力薄的狗魚遇到成倉的對手，便驚慌地在鰻魚堆裡四處亂竄，如此一來，倒把滿滿一倉死氣沉沉的鰻魚全給擊活了。

㈡中壓力

所謂中壓力，是指可能會對個體生活產生分裂性效應的壓力。在中壓力下，個體對於所處環境會變得不敏感，易於急躁，而且會依賴某因應方式處理壓力情境。

㈢重壓力

所謂重壓力，是指會令人抑制行為，且可能會導致冷漠與僵化的壓力。有重壓力反應的人在面對極度挫折或困乏時，會感到無助。例如：大學聯考失敗，心情極度沮喪，又碰上父親投資生意被倒債，情何以堪？

四、依壓力事件性質

㈠正面事件壓力

所謂正面事件壓力，是指產生壓力反應的壓力源是美好令人羨慕的事件。美好事件引起壓力反應，主要是當事者必須改變與調適自己以滿足需求，例如結婚、喬遷之喜或獲得獎學金出國留

學，都是會產生壓力反應的事件；因或結婚是雙方父母家庭親友
發生改變，婚禮需有許多複雜事情必須處理與安排；獲得獎學金
出國留學，必須辦理許多手續之後，更要遠離家人到另一國家進
修，生活環境的改變，繁複手續的辦理都可能產生壓力事件。

㈡負面事件壓力

　　所謂負面事件壓力，是指產生壓力反應的壓力源是不好的或
令人避之唯恐不及的事件，大部分的壓力事件是屬於這種，例如
塞車、手機詐財、生病等。

🗆 第二節　壓力來源的探究

壹、壓力來源

　　所謂壓力源係指會引起個體反應的原因或來源，壓力是一個
相當繁雜的概念，加上個體對壓力的認知與反應有明顯的差異；
壓力來自何方？分析方法有很多種，包括與工作有關或無關的來
源、長期或短期的來源。

一、內在與外在壓力

㈠內在壓力來源

　　內在壓力來自個體的欲求，包括個人的期待目標希望與夢
想，「人生最美，有夢相隨」，同時「欲求也是人生受苦的來
源」，「希望愈高失望也愈大」，當欲求、期許太高，無法完成

目標實現理想時，欲求容易成為壓力的來源。

㈡外在壓力來源

　　外在壓力來自需求，是由人或情境所創造的，一般的需求包括工作的責任感、家庭的義務及生活上的改變與調適。如工作升遷所須付出的責任與結婚之後該承擔的社會義務，或退休等改變。

二、期許與壓力來源

㈠期許

　　包括對個人生涯規劃的期許，及對個人自我實現的期待。每一個人對其自己的表現都有其承諾與期許，此承諾與期許成為每個人成長與發展的驅使力與原動力。此外，人與人之間所相互懷抱的期待，例如長官對屬下的期待；人民對政府施政展現的期許；雙生涯家庭的職業婦女，工作職場的工作期待，社會對家庭主婦的角色期待不盡一致，造成職業婦女角色衝突與心理壓力。

㈡與個人價值系統產生衝突

　　個人的價值觀念是指個人衡量自己與他人行動準則，對是非善惡抉擇的判準，有時工作需求與自我價值系統發生衝突。例如：公正、正義、善良、誠實是一般的道德標準，若從事行銷產品則以達到銷售產品為目的，不擇手段，不分是非對錯，生意上手擺優先，消費者的權益放兩邊；深知抽煙對人體的危害，但為行銷外國香煙，卻猛打電視廣告，置年輕人易受電視不良暗示影響於不顧；明知對方已結婚卻要成為第三者與之維持親密關係造

成社會不良的風氣。

㈢時間

　　在有限的時間內完成不可能的任務造成的心理壓力，此因一個人只能在同一時間內完成一件事情，但事情往往如接二連三蜂擁而至，無法抵擋，造成情緒與心理上的負荷。

三、變遷與壓力

　　常言道：「世間不變的道理是：變」，常云：世事多變化，昨日世事少變，今日則變化多端。在快速變遷的時代，「昨是今非」的感受比比皆是，例如：昔日好友因一言不合，翻臉成仇；所謂天底下，政治上沒有永遠的敵人，也沒有永遠的朋友。電腦資訊、通訊科技的快速發展，變！變！變！快速變遷是常態，保持穩定已是不可思議。在二十一世紀生物科技的時代，如何在變遷的社會中學習適應變成為「二十一世紀變化時代的主人」，是每一個國民必須面對的課題。在所謂「以不變應萬變」，或「快速變遷」的時代，一般人常有的反應如下：

㈠否認、拒絕

　　一般人習慣於穩定、固定不變的生活情境，一旦面對改變時，都以拒絕態度處理之，認為無須變化，例如公司或組織機構人事異動發布新的人事命令時，若符合你的期待時，則「不相信幸運神會降臨在自己身上」；為組織革新，有新的措施、做法一般人大都以拒絕，不接受的態度反對創新革新，阻礙新的組織變革。

㈡試探

　　經由否認、拒絕階段發現不能阻擋變化時，則以試探方式了解狀況。

㈢接納

　　接受既定且無法改變的事實，也清楚改變所帶來的優勢與缺點，並將改變統整到生活中，迎接它、適應它，政府對於教育政策的搖擺不定，例如多元入學方案，國民教育九年一貫課程實施綱要，政策既已決定，國人只能接納並試著適應即將改變的未來。兩岸三地的直航與農漁業的運輸都成為國人對民生議題的需求，未來的局勢改變，國人以接納態度迎接未來即將改變的生活情境，所謂「窮則變，變則通」。

四、「日積月累」型的壓力

　　生活的壓力是日積月累的結果，每天瑣碎的壓力日漸累積變成重大壓力，最後變成「日勞成疾」，無法挽救，包括：

㈠日常瑣事

　　生活習慣的不正常，累積過多的生活壓力最後造成不可挽回的事件，例如：每天勞累身體的不適、飲食無度、作息不正常、睡眠不足、工作過勞，加上沒有定期健康檢查與保養，最後累積過多的壓力，精疲力竭，生活鬱鬱寡歡，沒有生活樂趣。

㈡長期性的壓力

如患有長期、慢性疾病，或長年臥病在床失去健康的人。

㈢生活危機

「年過中年」時總覺得「年輕真好」，人一進中年，開始面臨中年生理、心理、社會、生涯、婚姻、家庭等變化，例如中年有失業的危機、身體上的健康危機、婚姻的危機等等。

㈣個性上形成的壓力

有的人凡事要求完美，事情一來急於解決，日子一久易形成壓力，有些人喜歡拖延事情，凡事不疾不徐，必須事到關頭才急於拚命，延誤解決問題的時機，例如考試前夕喜歡臨時抱佛腳，不但易產生僥倖投機心理，也容易造成心理的壓力。

五、環境上的壓力

現代社會的壓力往往來自環境，例如家住廟宇旁初一、十五的祝頌聲造成鄰居生活上的噪音，或每週一早上上班、週五下午下班時交通的阻塞，夏令時間的室外煩躁、悶熱；室內過度的冷氣開放等都容易形成生活上健康壓力。

六、工作壓力

與工作有關的壓力包括：

㈠工作需求

工作專業愈強壓力愈大，例如醫師的工作壓力比清潔工的壓力大。

㈡工作安全感與保障性

經濟不景氣時，工作的保障性比經濟景氣轉好時還低。

㈢工作性質

勞心或勞力工作帶來不同的工作壓力。

㈣人際關係需求

每一項工作單位或團體都有其特定的行為規範與價值觀念，良好的人際關係有助於工作互動順暢與彼此的協調。上司與屬下領導與被領導的互動關係影響工作品質與績效。

七、超載的壓力

繁忙的生活上也有數不清的超載，都市的超載、家務的超載、職業上工作的超載、學術界的超載，茲詳述如下：

㈠都市的超載

快速進步的現代化都市，無人情味的公寓大廈生活，空氣污染、資訊爆炸、狗仔文化、交通阻塞帶給市民生活去個人化，「自掃門前雪」、「近在咫尺，卻是老死不相往來的鄰居」。

㈡家務的超載

職業婦女,除了家庭角色、工作角色的衝突之外,尚有處理不完的繁瑣家務,還有子女的課業指導、侍奉公婆等。

㈢職業的超載

工作職場的壓力,講究績效的快速工作腳步,以績效論英雄,「市場導向」、「顧客至上」、「營利第一」的上司要求,何時不為公司任用而被裁員是經濟不景氣時一般員工在職場超載與壓力。

㈣學術界的超載

高等教育的學術科層體制,不斷的出版品,學術作品的發表成為學者晉升的憑藉,年輕學者汲汲於升等,論文發表,專案研究申請國科會與教育部經費補助,造成學術的超載。

貳、一般學生壓力的主要來源

常見的學生壓力主要來自學校功課、身體發展生理成長的變化、心理需求的受挫與失落、親友的生離死別、人際關係的緊張與衝突、新環境價值觀念文化信念的衝擊,其中以「學校功課壓力」、「考試壓力」最大,尤其強調文憑至上,相信好成績才能考上好學校,好學校畢業之後,將來才有好工作,學校單一智育取向抹煞特殊才能學生,背負著升學率的原罪,造成學生對升學的壓力大(張欣芸、夢幻,2004)。

概括的說，學生的壓力往往來自下列因素：

一、學生不正確的自我認知。

    1. 認為以憂慮煩惱足以解決困難。

    2. 稍不如意無法達成父母老師自己的期待時，容易貶抑自己的能力與人格。

    3. 過度在意別人對自己的想法與看法。

    4. 常以「泛道德主義」詮釋社會現象與別人的行為。

    5. 不是過度自我膨脹，就是過度自我貶抑。

    6. 凡事追求完美。

    7. 對挫折容忍閾過低。

    8. 對失敗過度害怕與恐懼。

    9. 無法接受人生的無常與變遷。

    10. 常諉責於別人與外在環境。

    11. 誤認置身事外就沒事。

    12. 常為自己的失敗找藉口。

    13. 為自力更生必須捨去功課，利用假期打工。（姜得勝，2003）

二、父母、師長不合理的期待與要求。

三、同儕之間過度與不合理的競爭。

四、身心靈不協調的成長與發展。

五、變遷過快與搖擺不定的教育政策。

▣ 第三節 壓力的影響

　　因為個人的經驗、人格特質和情境時空的不同，致使面對各種壓力有不同的反應，因此壓力影響所及，包括個體的生理反應、心理反應、認知方面、人際關係、情緒反應等方面，情緒反應已於第二、三章說明，茲說明壓力對生理與心理的反應、認知方面與人際關係的影響。

壹、生理反應

一、壓力反應的生理基礎

　　人接受壓力源，經由複雜生理反應造成對人體的影響，依據研究壓力會造成十一種腺或器官的反應體包括：㈠可松體，㈡甲狀腺，㈢腦啡，㈣性荷爾蒙，㈤消化系統，㈥糖與胰島素，㈦膽固醇，㈧心跳，㈨空氣供給，㈩皮膚，㈩感官。

　　以下說明壓力對上述感官的影響：

㈠腎上腺分泌可松體

　　長期的壓力造成分泌過多的可松體，導致免疫反應微弱，身體將失去對癌症、發炎、手術及其他疾病等壓力的抗拒，甚至也無法抵輕微的感冒。

㈡血液內增加甲狀腺荷爾蒙

當體內分泌過多的甲狀腺會使心臟無法承擔，神經系統亦受影響，壓力之下，體重減輕、不眠症導致疲憊不堪。

㈢下視丘分泌腦啡

腦啡係體內讓一種讓人舒服愉快的荷爾蒙，長期壓力讓腦啡降低或消失，會造成偏頭痛、背痛及關節痛。

㈣性荷爾蒙降低

專注於工作過度的壓力使性荷爾蒙降低導致出生率下降，常見使男性早洩性無法高潮。醫生常建議夫妻利用假期規劃旅行，放鬆身心減低壓力，有助於增進彼此的親密關係。

㈤消化系統的自閉症

在極大的壓力下消化系統呈現關閉，形成口乾。當個人面對重大壓力，如在公眾面前演講需有一杯水潤喉用。

㈥糖轉入血液增加胰島素分泌

胰島素分泌過多易導致糖尿病，在壓力下，人的血糖會增加，勿再進食糖份高的食物以免危險。

㈦膽固醇增高

膽固醇過高易導致血管硬化、動脈硬化易造成心臟疾病。面對高壓力時，應進食高膽固醇的食物。

㈧心跳加快

心跳加快可以促使更多的血液進入肌肉、肺部，使身體攜帶更多的能量與氧氣以備戰。但在高壓力下，若心跳又加快，易導致高血壓、中風、動脈及心臟的疾病。

㈨空氣供給量增加

在壓力下，鼻孔開展，喉嚨擴張，空氣流入肺部，呼吸變得深且快，氧氣需要量增加，人在壓力下緊張時有快窒息之感，表示需要大量的氧氣經由血液進入肺部。

㈩皮膚蒼白與發汗

在壓力下皮膚藉由出汗，讓發熱的肌肉降低溫度，過度的壓力令人汗流浹背或手心、腋下出汗。

(十一)五官敏感

面對壓力時五官的感覺特別敏銳。五官敏銳時能使身體發揮最大功能，提高心智功能，例如在有限時間的壓力下，完成預定的工作，此時生產效率最高（藍采風，2003）。

二、生理反應症狀

Moriss（1990）與 Ogden（1996），羅慧筠與陳秀珍（1994）認為長期壓力對生理的反應症狀有下列十項：

1. 腸胃裡產生酸分泌量增加，導致胃潰瘍；消化性潰瘍、潰瘍性結腸炎、心因性腹瀉。

2. 產生兒茶酚胺的增加，引發血液凝固作用提升，增加心臟病併發機會，或導致腎臟疾病。

3. 增強心臟瓣膜的反應和增加動脈損傷機會，導致心臟病發作。

4. 造成皮質類脂醇增加導致關節炎。

5. 壓力增加兒茶酚胺和皮質類脂醇，影響到免疫力系統，使人易受感染。

6. 呼吸反應，如氣喘、支氣管痙攣與過度換氣。

7. 皮膚反應：如蕁麻疹、癢症與過度出汗。

8. 心臟血管反應：如偏頭痛、高血壓與心跳加快。

9. 骨骼肌肉反應：如備通抽筋與磨牙。

10. 免疫系統的反應：如風濕性關節炎、全身性紅斑狼瘡與慢性肝炎。

貳、壓力的心理反應

正常壓力源一開始會讓個體產生心跳加速、呼吸變快，手腳發抖或發冷等反應，隨著壓力的消失，個體的良好反應與適應，很快可回復正常，但如果壓力一直持續存在，而個體無法調適與因應，前述的生理反應一直存在則會造成身體的疾病。心理上的反應亦有類似情況，壓力一來可能害怕、緊張、焦慮不安，不嚴重或隨著壓力的消失恢復正常，但若持續存在變成嚴重時則可能變成心理困擾或異常，造成行為與心理的防衛機轉。

一、行為反應

個體為了因應壓力或緩和壓力大抵會採取下列行為反應：

㈠吃、喝或玩樂

個體在壓力下以大吃、大喝、過度的吃、喝，或喝酒或抽煙或以嗑藥解脫壓力的困擾，或參加戶外的活動與玩樂排解壓力。

㈡笑、哭、斥責

個體在壓力下以嬉笑怒罵或哭泣、斥責對方的方式解決壓力。

㈢以工作或參加各種遊戲運動排解壓力消除緊張

例如面臨壓力時以投入工作，或以運動、健身操、爬山、參加卡拉 OK 消除或減低壓力。

㈣寫在日記、說出來與朋友分享、獨自思考或深思熟慮

個體面臨壓力時以寫日記紓解壓力或藉著和具有同理心的人討論問題，以降低緊張；或在孤獨時，深思熟慮地去思考所遭遇到的經驗與事件。

二、防衛反應

防衛反應係指精神分析學派佛洛伊德所說的防衛機轉，所謂防衛機轉是指人在應付挫折情境時，為防止或降低焦慮與壓力所採取的習慣性適應行為。適度的使用防衛機轉有助於心理健康及

人格健全發展，但如果過度使用或將其當成逃避現實的手段，則會造成人格的偏差，常見的防衛機轉有下列幾項：

㈠否定作用

是指個體將已發生的不愉快經驗加以否定，藉以避免或消除該經驗所帶來的緊張或壓力的歷程；也就是拒絕接受他們已發生或已存在的事實，俗稱所謂的「鴕鳥政策」或「掩耳盜鈴」。

㈡投射作用

係指個人將自己不為道德規範或社會認可的慾念加諸別人身上，藉以減少自己因擁有此慾念所產生的焦慮感。

㈢反向作用

表現在行為上，恰與內心隱藏的慾念相反，如以愛代表恨，以最好態度對待不喜歡的人。

㈣退化作用

是指個人將自己行為改以較幼稚的方式表達出來，藉以暫時獲得安全、滿足以消除焦慮之痛苦過程，所謂「考試症候群」、「星期一症候群」、「暑假之後開學症候群」皆是。

㈤補償作用

是指個人因生理上或心理上的缺陷導致焦慮或不適應時，使用可被接受的方法以彌補缺陷，以減輕焦慮或不適應的歷程，所謂「失之東隅，收之桑榆」。

㈥幻想作用

是指當一個人遇到現實上之挫折或困難時，無法以實際的現實方法來處理這些挫折或困難問題，即以想像的方法，脫離現實，陷於幻想境界，以想像的情感、希望策略處理與因應心理上的挫折與困難。

㈦轉移作用

是指當人的需求或慾念無法經由直接的方式獲得滿足時，則以轉移對象，以間接的方式獲得滿足的歷程。

㈧昇華作用

係指個體將不為社會所認可、接受的需求、衝動、慾念改以社會價值標準的方式來表現，昇華作用所表現的行為通常具有創造性與建設性。

㈨合理化作用

人在說明或闡釋某行為時，如以「真理由」來表達，可能導致痛苦，則以「好理由」、「合理化的原因」來表達，以避免不必要的困擾與難堪。

三、認知方面

個體面臨壓力時全心面對壓力，使得知覺、辨認、推理、判斷等認知活動受到影響，不但無法正常運作，常常出現注意力不集中、健忘、腦中空白、記憶力變差、無法清晰思考、無法做正

確判斷、做惡夢、工作效率低等。

四、人際關係的影響

個體面臨壓力時,心思較專注造成壓力的事件上,而較無心情或精力注意身邊的人與事,尤其壓力壓頂情緒失控時,或心情鬱卒,對許多事情失去興趣,陷於自我世界中,不願與他人互動,疏於經營與別人建立良好的關係。

第四節　壓力的測量

壓力的經驗是複雜的,每一個人對相同的情境壓力感受不盡一致,因此測量壓力有其科學客觀上的困難,常用的壓力測量有:一、生活事件法;二、日常瑣事法;三、自我覺知法。茲詳述之:

壹、生活事件法

任何人生活上或工作情境有意義的改變都會帶來壓力,Holmes 和 Rahe(1967)所編製《社會再適應評定量表》(*Social Readjustment Rating Scale*)綜合 Lin 等人(1979)與藍采風(2000)的看法,提出如表 4-1 生活事件壓力評量表。

表 4-1　生活事件壓力評量表

Holmes 和 Rahe（1967）量表項目		比重（壓力分數）	Lin 等人（1979）量表項目	比重（壓力分數）
1.	配偶死亡	100		
2.	離婚	73	鰥、寡、離婚或分居	79.33
3.	分居（婚姻的）	65		
4.	坐監	63	被捕、被告或被判刑（定罪）	63
5.	家人亡故	63	親愛的人亡故	63
6.	個人受傷或生病	53	受傷或生病	53
7.	結婚	50	結婚	50
8.	被解僱	47	被解僱或事業失敗	48
9.	破鏡重圓（婚姻的）	45		
10.	退休	45	退休	45
11.	家人健康改變	44		
12.	懷孕	40	懷孕	40
13.	性行為困難	39		
14.	獲得新的家人	39	親戚由美國他處搬來同居	39
			親戚由國外地區搬來同居	39
15.	事業上再適應	39		
16.	經濟（金錢方面）的改變	38		
17.	密友亡故	37		
18.	改行	36		

19.	與配偶爭吵次數改變	35		
20.	房貸多於一萬美金	31		
21.	工作責任的變更	29		
22.	子女離家	29		
23.	與姻親不合	29		
24.	個人不凡的成就	28	升職或事業成就	28
25.	妻子開始或停止工作	26		
26.	開始或停止上學	26		
27.	生活情境改變	25		
28.	個人習慣改變	24		
29.	與上司不合	23	降職	23
30.	工作時間變更	20		
31.	遷居	20	遷居	20
32.	轉學	20		
33.	娛樂、消遣變更	19		
34.	改變社交活動	19		
35.	改變教會活動	18		
36.	房屋貸款等於一萬美金	17		
37.	睡眠習慣改變	16		
38.	飲食習慣改變	14		
39.	假期	13	假期	13
40.	聖誕節	12		
41.	輕度觸犯法律規章	11		

資料來源：引自藍采風（2003），頁25。

表 4-2 大學生社會再適應量表

事件	分數	事件	分數
進大學	50	被解僱	62
結婚	70	離婚	76
和老闆相處有困擾	38	轉變行業	50
半工半讀	43	與配偶爭吵次數改變	50
配偶死亡	87	工作責任重大改變	47
睡眠習慣重大改變	34	配偶開始或停止工作	41
近親或家人死亡	77	工作時間與狀況重大改變	42
飲食習慣重大改變	30	與配偶分居或與伴侶分手	74
選擇主修或改變主修	41	娛樂型態或數量重大改變	37
個人習慣改變	45	用藥重大改變	52
好友死亡	68	抵押貸款或借款在美金一萬元以下	52
輕微違法感到罪惡感	22	個人重大傷害或疾病	65
個人傑出表現	40	酒精使用改變	46
懷孕或太太（女友）懷孕	68	社交活動重大改變	43
家庭成員的行為或健康重大改變	56	參與學校活動狀況改變	38
性困擾	58	獨立責任感改變	49
與姻親相處有困難	42	旅行或放假	33
家庭成員人數重大改變	26	訂婚	54
家中加入新成員	50	更換學校	50
財務發生重大改變	53	改變約會習慣	41
居所或居住狀況改變	42	在學校行政方面遇到困難	44
價值觀的重大衝擊與改變	50	解除婚約或穩定的男女關係破裂	60
教會活動重大改變	36	自我概念或自我覺知方面的改變	57
與伴侶言歸於好	58		

資料來自：黃惠惠（2002），頁 213-214。

　　從表 4-1 生活事件壓力評量表加總在一起如果超過 300 的人，表示有最高度的健康危機；如果介於 150-300 之間的人，在兩年內有 50%的機會發生嚴重的健康危機；如果低於 150 以下的人，大約有三分之一的機會發生嚴重的健康變化（賴保禎、張利中、周文欽、張德聰、劉嘉年，1999）。

貳、日常瑣事法

　　每個人生活上遇見的壓力通常都是些芝麻綠豆瑣碎小事，而非特定的重大事件，例如 Kanner、Coyne、Schaeffer 和 Lazarus（1981）編製《瑣事量表》，量表如表 4-3。

　　表 4-3 的嚴重度，是指日常瑣事對個體造成困擾與難堪的嚴重程度：1.代表不嚴重，2.代表嚴重，3.代表非常嚴重；本量表的做法是一個月內對你造成困擾與難堪的日常瑣事，依嚴重程度累

表 4-3　瑣事量表

日常瑣事	嚴重度
1. 錯放或遺失東西	1 2 3
2. 惹人厭煩的鄰居	1 2 3
3. 社會責任	1 2 3
4. 不體諒人的吸煙者	1 2 3
5. 想到死亡	1 2 3
6. 家人健康	1 2 3
7. 缺錢買衣服	1 2 3
8. 擔心欠人錢	1 2 3

資料來源：Kanner et al.,1981。

加，分數愈低表示愈不嚴重，得分愈高表示壓力愈大（賴保禎、
張利中、周文欽、張德聰、劉嘉年，1999）。

參、自我覺知法

壓力可利用自我覺知方式來查核，以壓力自我檢核檢查之。

壓力檢核可以從三方面著手：身體方面的反應、問題解決方
面、心情感受方面（吳英璋，1999）。

1.身體方面的反應

表4-4　身體狀況檢查表

以下是一些人身體上常有的不舒服現象，若你一個月內曾有
過以下任何不舒服現象，請在選項前面□打勾。

□頭痛	□頭暈	□頸部痠痛	□腰痠背痛	□噁心
□嘔吐	□呼吸急促	□呼吸困難	□咳嗽	□胸悶
□胸痛	□心跳不適	□腹脹	□腹瀉	□胃痛
□胃酸過多	□食慾不振	□吞嚥困難	□喉部不適	□嘴破
□聲音沙啞	□耳鳴	□便祕	□體重增加	
□體重減輕	□頻尿	□尿少	□尿濁	□四肢無力
□疲倦	□失眠	□嗜睡	□記憶力減退	
□視力模糊	□痙攣、抽筋	□青春痘		

□皮膚發癢或皮膚發疹　　　□身體某部位麻痺、發燙或刺痛

□口臭　　□四肢痠痛　□皮膚感覺異常　　□月經痛（女性）

備註：i.計分方式：打勾一個一分計。

　　　ii 說明：

a.總分 2 分以下，表示身體狀況良好。

b.總分在 3-11 分表示和大多數人（70%）一樣，大致還好。

c.總分在 12 分以上，表示體力透支，需要休息、放鬆。

2. 問題解決方面

表 4-5　問題解決自我檢核表

請詳閱下列敘述，以最近六個月的實際情況選擇最符合你的狀況的評分號碼。

(1)從未如此　(2)很少如此　(3)偶爾如此　(4)經常如此　(5)總是如此

(1) (2) (3) (4) (5)　●碰到困難時，我會使自己冷靜下來。

(1) (2) (3) (4) (5)　●遇見日常生活困難時，我能夠解決。

(1) (2) (3) (4) (5)　●一般而言，我喜歡自己、滿意自己，對自己生活安排感到滿意。

(1) (2) (3) (4) (5)　●我是心情愉快的人。

(1) (2) (3) (4) (5)　●我能從容應付我的工作。

(1) (2) (3) (4) (5)　●我喜歡多種不同活動與娛樂。

(1) (2) (3) (4) (5)　●我容易與人相處。

(1) (2) (3) (4) (5)　●我可以和許多不同類型的人愉快的生活在一起。

(1) (2) (3) (4) (5)　●我認為生活是有意義的。

(1) (2) (3) (4) (5)　●我很滿意家人對我情緒的了解。

(1) (2) (3) (4) (5)　●我很滿意家人和我討論問題及分擔困難的方式。

(1) (2) (3) (4) (5)　●當我想做一件事情時，家人都會接受並支持

　　　　　　　　　　　　　我。

(1) (2) (3) (4) (5)　　●我和家人共度愉快的時光。

(1) (2) (3) (4) (5)　　●確信家人都能負起他們對家庭的責任。

(1) (2) (3) (4) (5)　　●我們全家人坦然相處。

(1) (2) (3) (4) (5)　　●當我有麻煩時我可以從家人得到關心與愛
　　　　　　　　　　　　　護。

(1) (2) (3) (4) (5)　　●我感受家人可以接受我現在的狀況。

(1) (2) (3) (4) (5)　　●我嘗試想出解決問題的各種不同方式。

(1) (2) (3) (4) (5)　　●面對問題時，我會表達出內心的真正感受。

備註：i. 計分方式：將你所選的號碼相加結果就是你的得分。

　　　ii 說明：

　　　　a.總分 89 分以上，表示你是很會運用腦筋的人，你總是
　　　　　積極正面思考，有良好的家庭支持，能有效解決問題。

　　　　b.總分在 59-88 分表示和大多數人（70%）一樣，大致還
　　　　　好。

　　　　c.總分在 58 分以下，表示面對問題或困難時，來自家人
　　　　　的支持並不穩定，容易表現出消極，常感力不從心，
　　　　　問題常無法有效解決。

3. 心情感受方面

表 4-6　心情感受檢核表

　　請詳閱下列敘述，以最近六個月的實際情況選擇最符合你的
狀況的評分號碼。

(1)從未如此 (2)很少如此 (3)偶爾如此 (4)經常如此 (5)總是如此

(1) (2) (3) (4) (5) ●我會對自己明知不必害怕的事務也會感到害怕。

(1) (2) (3) (4) (5) ●有些事自己不喜歡去想（或去做），但仍會控制不了地去想（或去做）。

(1) (2) (3) (4) (5) ●我會感到憂鬱或沮喪，對什麼事都沒有興趣。

(1) (2) (3) (4) (5) ●我的情緒有時好、有時壞，變化很快。

(1) (2) (3) (4) (5) ●我會感到煩惱、不安或緊張。

(1) (2) (3) (4) (5) ●我會懷疑別人對我不懷好意。

(1) (2) (3) (4) (5) ●我有過自殺的念頭。

(1) (2) (3) (4) (5) ●我會睡不好覺或失眠。

(1) (2) (3) (4) (5) ●我會喝醉酒。

(1) (2) (3) (4) (5) ●自己感到有病，醫生檢查後卻說沒病。

(1) (2) (3) (4) (5) ●我覺得記憶減退，不容易記住事情。

(1) (2) (3) (4) (5) ●我會注意力不集中。

(1) (2) (3) (4) (5) ●我會擔心身體不健康。

備註：i. 計分方式：將你所選的號碼相加結果就是你的得分

ii 說明：

　　a.總分 21 分以下，表示你是個不太費心力的人，不容易受影響，情緒非常穩定。

　　b.總分在 22-35 分表示和大多數人（70%）一樣，通常維持在一個穩定狀態。

　　c.總分在 36 分以上，表示你情緒不穩定，常感困擾，很容易受影響，花在處理情緒的力氣上太多了。

□ 第五節　壓力與健康

壹、壓力與健康

　　健康係指身體四肢健康，或是沒有疾病就是健康。依據世界衛生組織界定健康是指「在生理、心理及社會三方面皆達到完善舒適的狀態，而不僅是沒有疾病而已」。所謂壓力是指個體在生理心理感受威脅的一種緊張狀態，此狀態使人在情緒上產生不愉快甚至痛苦的感受（張春興，1992）。適度的壓力是提升個人展現實力的契機，但過度的壓力對人體不但有害，還會深深影響個體的生理與心理健康。

貳、獲得健康的良方

一、運動

　　適度的運動有益健康，亦是克服緊張與焦慮的有效方法。理想的運動包括：(1)增加柔軟度的伸展運動；(2)增加肌力與耐肌力的運動；(3)增加心肺耐力的有氧運動。

　　依專家建議，我們可以依個人興趣嗜好進行各種運動，例如健行、爬山、游泳、打太極拳、騎腳踏車、打籃球、桌球、網球、韻律操、有氧運動、走路等。

二、睡眠

睡到自然醒，是人生一大樂事，平均一天睡7-8小時。每天起床的時間是一天的開始，如果能快樂地起床，一天必能心情舒暢，充分、良好的睡眠可以提升人體免疫力，促進正值發育間青少年的成長，消除個體疲勞恢復體力。要如何擁有優質的睡眠品質？

㈠定時

你一定聽過每天定時上床睡覺非常重要，試試看每天定時起床，不消六個星期，實際的睡眠節奏就會與你的生理節奏相符，「規律對設定生理時鐘非常重要」。因此，別睡回籠覺，這樣會讓生理節奏更混亂，一旦睜開眼，不要猶豫就起床吧。

就算週末也得保持這樣的規律。如果你每逢週末就通宵達旦，隔日再睡到中午，馬上你就會知道痛苦，星期一又要哀聲連連地起床。

㈡陽光

如果早起對你而言，是不可能的任務，那就讓陽光來幫助你。因為那些全光譜的陽光可以調節血清素（serotonin）和褪黑激素在血液中的濃度。當受到光線照射，血清素會使身體的代謝加快，當天晚上就會早點想睡，隔天也就會早點起床；也可以拉開窗簾，讓陽光照進來，或是準備一盞明燈，鬧鐘一響就打開。堅持下去，有一天你會發現，在鬧鐘響起前你就精神奕奕地起床了。

(三)聲音

　　有時你發現自己很容易隨手按掉使用多年的鬧鐘,因為大腦習慣忽視熟悉的聲音,因此,可以準備兩、三個鬧鐘輪流著用,或者浪漫一點用音樂叫醒你,因為音樂會促進腦中氧氣與血液的流動,讓身體也想律動起來。

　　聽什麼音樂好?如果想提振元氣,可以選類似莫札特小提琴協奏曲的音樂;想要一早就精力充沛,可以選舞曲。

(四)深呼吸

　　起床後,深呼吸可以讓身體感受到舒暢的一天。先緩緩地吸氣,彷彿吸至頭頂,再將所有的氣吐出來,停兩秒鐘後,再做一次,可以讓身體充滿活力,一天也容易精神奕奕。

(五)水

　　一起床後,馬上就去喝杯水,會讓身體知道新的一天要開始了。而且人類在睡眠時間會發約一杯水量的汗,若前一晚喝了酒,更會讓身體如同置身沙漠一般,所以先喝水,然後進廁所將廢棄的物質排出,會讓身體很舒服。

(六)香味

　　香味也會刺激腦部,提高知覺機能,趕走睡意和疲勞。所以有人一早煮咖啡,用咖啡香叫醒自己。如果你的陽台上種有香草植物,也可以在洗臉檯上放滿水後,摘一片薄荷浸泡於水中,薄荷有促進血液循環的效果,此舉也有益於皮膚。

(七)甜味

　　一早起床總覺得暈頭轉向，因為經過一夜的消化，此時腦中毫無營養，腦部的能量來源就是葡萄糖，這時馬上補充含有甜味的食物，如香蕉、蘋果，馬上會有效果。試試看，美妙的清晨正在等著你。

三、飲食

　　依據衛生署建議，一個健康的成年人每日應攝取「五穀根莖類 3-6 碗」、「奶類 1-2 杯」、「蛋豆魚肉類 4 份」、「蔬菜類 3 碟」、「水果類 2 份」、「油脂類 2-3 湯匙」。以便當為例，以上六大類食物中，可能會缺少奶類及水果類，此時也就是提醒您，光吃便當是不足以供給您今日的營養需求，別忘了要再吃些水果以及補充一些奶製品。

表 4-7　每日飲食指南──成人均衡飲食建議量

類別	份量	份量單位說明
五穀根莖類	3-6 碗	每碗：飯一碗（200 公克）；或中型饅頭一個；或薄土司麵包四片（25 克/片）
蛋豆魚肉類	4 份	每份：肉或家禽或魚類一兩（約30公克）或豆腐一塊（100公克）；或豆漿一杯（240c.c.）或蛋一個
蔬菜類	3 碟	每碟：蔬菜三兩（約 100 公克）

水果類	2 個	每個：中型橘子一個（約 100 公克）；或番石榴一個。
油脂類	2-3 湯匙	每湯匙：一湯匙油（15 公克）。
奶類	1-2 杯	每杯：牛奶一杯（240c.c.）；發酵乳一杯（240c.c.）；乳酪一片（約 30 公克）。

資料來源：行政院衛生署（2005）。成人均衡飲食建議量。2005.4.7 日，取自 http://www.doh.gov.tw/ufile/Doc/200407_新聞稿（熟食標示 0930630）.doc.

四、發展自己的專長興趣與能力

　　面對壓力時能發展自己的能力興趣展現自己的專長，培養自我管理能力、忍受挫折能力、溝通能力、建立良好人際關係能力、運用資訊科技能力、解決問題能力、做決定能力、團隊合作能力等都必須從小做好準備工作。

五、正確的人生規劃

㈠成功的人生，需要自己去經營，別再說了，莫再等了，現在就為自己的人生做好規劃，為人生點一盞明燈，贏在人生起跑點上。
㈡人生是一趟旅行，只賣單程票，不賣回程票。
㈢時間就是生命，人生何其短暫，請珍惜有限歲月，活出自己，活出生命。

㈣人生之路要自己走，要過怎樣的人生，完全是自己的選擇，只有自己才能賦予生命最佳的詮釋。

㈤目標代表個人的願景，是心中的羅盤，人生因有目標，才會執著去追求，才會有成功的希望。

㈥人生有夢，築夢踏實，將自己的夢想，以階段性的小目標，落實在具體的計畫中，然後身體力行，積極實踐，就是生涯規劃最具體的表現。

㈦人生是連續的過程，珍視過程，就是鍾愛自己；渴望、信心及行動是圓夢三部曲。（江文雄，2005）

問題討論

❶壓力是什麼？

❷如何與壓力共存共榮？

❸如何將壓力轉化為動能與助力？

❹壓力對人的身體有何影響？

❺獲得健康的良方有哪些？

參考書目

三民書局新辭典彙編委員會（1989）新辭典。台北：三民。

王以仁、陳芳玲、林本喬著（2004）教師心理衛生。台北：心理。

江文雄（2005）生涯規劃100訣。商業教育季刊，95，37-42。

江復明、楊豐華、何坤龍、鄭芬姬編著（2004）人際關係與協商，頁65-79。台北：空中大學。

吳武典、洪有義（1987）**心理衛生**。台北：空中大學。

吳英璋等主編（1999）**健康心理學**。台北：應用心理研究雜誌社出版。

林貞岑（2005）如何充滿能量過生活。**康健雜誌，52**。2005 年 4 月 7

日，取自 http://www.commonhealth.com.tw/content/052/052062.asp。

姜得勝（2003）學生壓力的輔導。**學生事務，42**，3。

張欣芸、夢幻（2004.2.27）文憑至上，抹煞特殊才能學生/背負升學

率，學生壓力大。**國語日報，13 版**。

張春興（1992）**張氏心理學辭典**。台北：東華。

黃惠惠（2002）**情緒與壓力管理**。台北：張老師。

賴保禎、張利中、周文欽、張德聰、劉嘉年（1999）**健康心理學**。台

北：空中大學。

藍采風（2000）**壓力與適應**。台北：幼獅。

藍采風（2003）**全方位壓力管理**。台北：幼獅。

羅慧筠、陳秀珍編譯（1994）慕瑞斯原著。**現代心理學：生活適應與**

人生成長。台北：美亞。

Holmes, T. H. & Rahe, R. H. (1967). The social readjustment rating scale. *Journal of Psychosomatic Research, 11,* 213-217.

Kanner, A. D., Coyne, J. C., Schaeffer, C., & Lazarus, R. S. (1981). Comparison of two modes of stress measurrment: Daily-hassels and uplifts verus major life events. *Journal of Behavioral Madicine, 4,* 1-39.

Moriss, C. (1990). *Contemporary psychology and effective behavior* (7th ed.) Glenview, IL: Scott, Foresman.

Ogden, J. (1996). *Health psychology: A textbook.* Buckingham. U. K. Open University Press.

Chapter 5

情緒管理

當你讀到此你會發現情緒與壓力具有強大的力量，你也開始對於運用這個神奇的力量感到興趣，情緒是人的一部分就像是自己的四肢一般，只要了解它，做好情緒的管理我們就可以成為情緒的主人。

▣ 第一節　情緒的覺察

　　首先恭喜你的是，你能有耐心地研讀至此章節，表示你能靜下來更進一步地發覺並認識自己，體會情緒能使人類更適於生存，以及讓我們能活得更健康。以下是情緒自我覺察的練習，正在心靈成長的朋友們，讓我們一同來探險自己的內心。

壹、情緒的自我覺察

　　情緒管理的第一門功課便是情緒的自我覺察，簡而言之，就是我知道我現在正在生氣，或是我知道我為什麼緊張，現在請開始回想今天或是這一個星期，發生的一個令自己印象較深刻的事件。把當時事件發生的始末重新播放，像演電影一般，請分別就直接體驗來回答問題。

一、情緒記錄卡：

```
情緒記錄卡

㈠當時的情境為何？_____

㈡聽聽看自己在那個時候說了哪些話？_____

㈢說話的語調頻率是高或低？_____

㈣說話時的音量是大或小？_____

㈤呼吸及心跳的速度是快還是慢？_____

㈥身體的皮膚是冷的或是熱的？_____

㈦我的表情是_____

㈧身體上哪些部位的肌肉是緊繃的？_____

㈨我的肢體動作是_____

㈩那時我的內心想法是？_____

㈪那時我的感覺是（可參考附錄的情緒卡的形容詞）
```

圖 5-1　情緒記錄卡

　　由圖 5-1 一至十的題目可能你從未注意過，拜科技之賜，現在時下年輕人用五合一可以錄音的隨身碟，全天候地記錄自己的說話詞語，就可以發現自己在何種情境會發出什麼樣的情緒訊息，也就是前面第二章所說的「知覺→身體變化→情緒」，是認識自己情緒的練習。

　　不論是要解決什麼問題，我們都要先了解問題，現在你已經開始知道自己的感覺是什麼，有許多國人不習慣去了解自己的內在感受，主要是多偏重智識教育所造成的，學生多缺乏實際的體驗。讀者可以自行製作情緒記錄卡，隨時帶在身上，讓自己能理性地觀察自己的生理現象及心理感受，所以我們常會擔心自己被別人說情緒化，現在你可以開始觀察自己，並且接受自己的感覺。

二、情緒的座標

　　在了解當時的感覺之後，請在圖 5-2 中標出情緒的座標位置，愈右邊為愈令自己感到正向而愉快，愈左邊則相反；座標位置愈上方，代表的是此種情緒比較起來自己感覺是愈強烈的，愈下方則愈弱，請在自己的隨身記錄本中記錄自己的心情，並標示當時的時間。

　　在 Y 軸的右方所表示的是正向的情緒，是我們喜歡、令人愉悅的感覺，在 Y 軸的左方所表示的是負向的情緒，也就是讓我們會有不舒服，而且是對個體的身體有所影響的。在 X 軸愈上方表示此時此刻有愈強的感受，在 X 軸的下方則是愈弱。

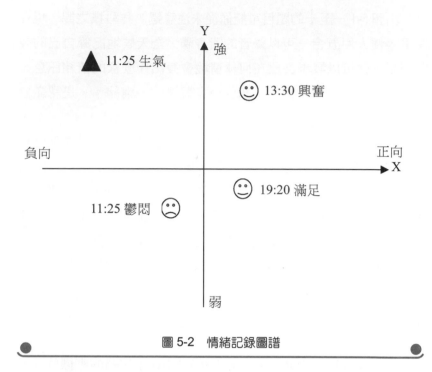

圖 5-2　情緒記錄圖譜

三、情緒的日記

　　前面的章節我們有提到，情緒像天氣一般，會有週期性的變化，也介紹情緒的三要素，從情緒的自我覺察練習，我們可以學習辨識自己的情緒，以及了解自己的內在想法，現在我們要以更動態性的來了解自己，觀察自己時常出現的情緒、情緒的要素，以及自己的情緒是如何轉變的。從每日情緒記錄圖可以讓我們觀察到我們情緒的強度及正負程度，現在我們要一同來探索情緒所持續的時間、發生的頻率及轉變的模式。筆者參考蔡秀玲與楊智馨（1999）著作，加上圖形的呈現，設計圖 5-3 的情緒日記。

日期		清晨	重要事件			睡前
	情緒	痛苦	緊張	快樂	生氣	滿足
	原因	必須從溫暖的被窩中爬出來	早上要考試但是準備不充分	和同學一同去看電影	哥哥把電腦佔據不讓別人玩	晚餐媽媽做了自己喜歡的菜
	正向					
	負向					

圖 5-3　情緒日記

　　從情緒日記我們可以清楚地看到，每天我們所出現的情緒，尤其可以觀察波動的程度（強度變化）、產生的情境（情緒發生的原因）和持續的時間以及變化的關鍵。改變是時間的函數，從少數小原則改變會產生大變化，從一天的觀察我們就可以發現，自己都會有情緒轉換成功的經驗。同樣的道理，下次遇到類似的情境，同樣可以用相同成功的方法來解決，也就是每一個人都是自己最佳的問題解決專家，所以恭喜你，現在開始練習，你的 EQ 已經節節高升囉。

貳、情緒卡的練習

　　在自我覺察情緒我們可以更認識自己，但是有許多人在成長的過程中，傳統家庭教育很少能學習到認識自己的感覺，或同理別人的感覺，學校教育也多是注意智識的傳授，情緒的課程也不多，讓我們所教育出來的孩子較少有自己的想法，也缺乏認識自

己的感覺，造成有苦說不出，或是愛在心裡口難開，而對自己愈來愈缺乏自信。以下情緒卡的練習，是讓我們更加地了解自身情緒出現的多寡、情緒的關聯以及演變發展的模式，並且學習及習慣表達自己的情緒。

附錄的情緒卡可以讓我們多認識情緒的字眼，我們發現其多是一種形容或是一種行為，每一個人或多或少有體驗過，要不然也看過身邊的親友夥伴有過類似的經驗。我們在前面的情緒記錄卡、情緒座標或是情緒日記的練習中，可以對照著看，讓讀者能學習各種情緒，分辨及表達不同的感覺。

現在請用剪刀沿黑線剪下，成為單張獨立的情緒卡，然後疊起來像撲克牌一般握在手中。找一個安靜而且沒有干擾的環境，同時，讓自己調整呼吸把注意力集中在自己手中的情緒卡上。現在請靜靜地一張一張看過，並且將自己較常出現的情緒卡留下來，放置在自己的面前，同時把較少出現的情緒卡放在一旁備用。

當你準備好，請開始調整放置自己面前的卡片，將自己較常出現情緒的卡片，放置在離自己核心較近的位置，而較陌生的卡片放在離自己較遠的位置，調整情緒卡的相關位置，依自己的直覺，回憶自己的情緒發展模式，使自己與情緒卡能互相有關聯。請持續一段時間，讓自己和自己的情緒共處，也可以站起來以較遠的距離來看情緒卡所排出的圖形，隨時調整情緒卡的相關位置，一次又一次地讓自己確認感覺，這時如你有些感觸，恭喜你表示你對自己有了新的發現，更了解自己、認識自己。

你也可以找另一位朋友一起來玩情緒卡，當兩位都排好情緒卡的相關位置之後，其中一位先開始以第三人稱，也就是「他這

個人……，他……，他每次……」等用語，以第三者的觀點來觀察自己，並且和朋友分享，另一方可以適時的提出問題，催化說出更多的感覺。交換角色之後，再互相分享自己的發現和感受。記得在分享的過程中時時調整情緒卡的位置，你會有更多的發現。

在以第三人稱說完之後，回到自己的情緒卡前，專注並誠摯的以第一人稱，也就是「我是……，我會……，我常常……」等用語，再次面對自己，同樣繼續調整情緒卡，讓我們比較以不同的角度來面對自己，就像我們在看電影，或是演員演戲太過融入，會有情緒湧現的情形。如此以情緒卡在自己的眼前，直接和內在心靈的圖像對映，增進自己對情緒的了解。

▣ 第二節　情緒的成因與信念

情緒總是在我們遇到不同的情境時發生，現在讓我們一起來看看情緒的成因以及信念，更重要的是我們如何來運用創意，來正向看待引起情緒的事件。

壹、憤怒

當我們問到人們最常出現的情緒是什麼，大部分的人都會說生氣；生氣的情緒如果讓其任意蔓延，會發現衍生成強大的憤怒情緒。在許多社會新聞的兇殺案件，兇嫌多是在盛怒之下做出無法彌補的憾事。憤怒發生得很快，而且是強度很大的負面情緒。

生物會為了爭取交配的機會、食物及生存的棲息地，而和其他同種和異種的生物產生弱肉強食的競爭，有的用單打獨鬥的方式，有的行社會生活以團結合作的方式來發動生存戰爭。在演化的過程中，肌力能發揮迅速而強大力量者，較易生存在激烈的競爭之下，憤怒的情緒常是能使攻擊的上肢，流過較多的血液，心臟跳動的速度加快，血壓升高，在演化中使物種能存留下來。

在人類開始行社會生活之後，我們長久學習講和平及合作，在科技未發展的時代，人們會以戰爭來達到掠取資源的目的，但是今天要以武力來求取生存的機會卻極為渺茫。當個體遭遇挫折、期望破裂、尊嚴傷害等事件，在評估認知上認為違反自己的標準，就是生氣的新定義（Spielberger, 1983）。而人們仍留有如此評估的機制，如任由自己非理性的情緒留下來，就會產生生氣，當生氣無限擴大成憤怒，此時臉紅脖子粗，不但無法做出精確的思考判斷，如此強的憤怒常會趨使我們做出後悔莫及的舉動。所以當我們感覺到生氣而握緊雙拳，表示你缺氧，需要大量的氧氣，這時立刻深呼吸，不但能讓你的大腦能得到理性的思考，同時想想自己所評估的準則來自何時何處，放開緊握的雙手，吸氣並放鬆身體的肌肉，憤怒會煙消雲散。

貳、害怕

前面我們看到了憤怒是自己受到威脅、挑釁，不自覺地想用武力來達到目的，但是如果每次生存都要以憤怒來催化戰鬥，勝者只有一個而且常要付出相當的代價，敗者更不用說了，在競爭之後不是成為盤中殮，要不然就是受到傷害。聰明的人類祖先，

如判斷情境是不安全的狀況，人們會產生一種情緒想要逃離這樣的情境，出現一種也是血壓上升、心跳加速、呼吸急促的生理反應，但是不同的是臉色蒼白，血液流向腳部，幫助有害怕情緒的人們，能夠順利的逃離而存活下來。

比較憤怒和害怕其實只有一線之隔，都會有一種不安全的感覺，人類依過去的經驗，來判斷是否能得到最高的利益，這種不安全的感覺，是源自每個人自己的標準及準則，此種準則是一種預防的系統，是對未來安全的期待。如果你要感覺安全沒有顧慮，我們可以選擇做自己所習慣的事，當你想要了解自己潛能的極限，就去體驗自己沒嘗試過的事情，所以有時我們會有害怕的感覺，心境轉一轉，恭喜你，表示你正在成長，正朝向真正的心理安全前進，達到無懼的境界。

參、擔憂

對「未來」尚未發生的事，在「此刻」事先去煩惱操心，就形成了「擔憂」的負向情緒（吳娟瑜，1997）。我發現「老大人」常會有愈來愈多擔憂的負向情緒，在人生的生涯發展過程中，而且除了這些老人家以外，一般人在現今的環境中也有相同的情形，似乎有愈來愈多的趨勢，在媒體的炒作之下，更是嚴重。像是SARS在流行的時候，有許多人要自己的孩子帶上N95口罩上學，天天擔心孩子會得到而弄得全家雞飛狗跳的。

其實擔憂是可以改變的。擔憂能讓我們做更仔細的思考與準備，也表示我們是有能力預防的。我們並不會擔心在上學的途中發生車禍，因為我們的信念是車禍的機率不大，而且只要我們注

意自己，正常人很少會擔心發生車禍。其實得 SARS 的機率遠低於車禍，死亡的比率在台灣更是少之又少，像我們處理平時的擔憂一般，只要勤洗手，正向的來看，全民的衛生習慣變好，反而 SARS 的流行對人類是有益的。

肆、緊張

緊張是人們由經驗學習而來的情緒，在生命的過往經驗，我們對於某些特定的情境會感到緊張，像是在眾目睽睽之下說話，許多人會臉紅心跳、驚慌失措，使得表現失常，這時我們可以尋找一下自己緊張的來源，是別人的眼光呢？還是廣大的空間？還是自己的穿著呢？深呼吸、喝口水，把眼睛視線的目標，轉移到令自己感到安全的影像，看看聽眾的表情，想像自己往後退，並以比自己高三十公分的角度，來俯瞰自己緊張的表情，在事前準備及練習這種影像的轉移，可以使緊張降低。

伍、挫折

我們在有所努力或是付出時間及資源後，還是未能達到自己的預期，就會產生挫折感，像是我們被告知自己表現的還不錯，但是有別人表現得更好，或是做父母的希望孩子有責任感，但總是不如自己的意，有人痛苦的戒煙、減重經驗了過程卻失敗。這些令大部分人不舒服的感覺，有些人卻甘之如飴，像美國總統林肯耳熟能詳的失敗故事，到底是如何走向成功的呢？

挫折感是我們給自己的一個訊號，表示你會為了成功，持續

地付出時間、資源與努力，告訴你原來的方法不太適用，需要改變其中的環結，使自己更有創意的來面對未來的挑戰。愛迪生在研究燈泡的過程中，以正向的語言來回應別人所澆的冷水，我已經發現排除數百種無法成為燈絲的物質，以熱誠來冰釋挫折，是面對挫折再出發的最佳想法。

陸、厭惡

　　厭惡也是個體防止受到環境傷害的一種感覺，婦女在懷孕初期會有害喜的情形，對許多特定的食物感到厭惡，有人會因此很緊張，害怕是否對胎兒不利，此種行為在人類的演化會消失，其實害喜對特定的食物有厭惡感，是防止食入對胎兒有害的食物。親愛的準媽媽們，只要你為害喜而苦惱時，正表示你的身體在保護胎兒，準備迎接新的生命（廖月娟，2001）。

　　厭惡是對於環境改善的驅動力，當我們看到自己房間內發出惡臭及髒亂，會讓我們在整理時覺得噁心，這時先想像房間已經潔淨清新的影像，會使厭惡的情緒煙消雲散，快速努力地完成清理的工作。

柒、沮喪

　　嚴重的挫折加上認定已失去希望，可在逆境中自我解嘲，發揮幽默感（張怡筠，1996）。開車出了車禍，朋友們在面目全非的車子前感到惋惜，車主竟以：「天助我也！終於把陪伴多年看膩的車子改裝了！」使在場的人心情輕鬆許多。

　　沮喪是讓我們重新再出發的動力，是趨使我們放下一些努力已久的目標，重新設定下一個目標的過程。沮喪是我們對自己或他人的失望，通常是無法改變的事實。尋找你所擁有的能溶化沮喪的冰山，有人失戀了感到很沮喪，認為自己不好才會如此，其實在沒有與對方交往前，我們不也都是單身嗎？而且，我們也不會在得不到潘安和西施級的俊男美女的愛慕時，覺得沮喪。所以沮喪表示我們有能力達到，再接再勵修正目標必定會成功。

□ 第三節　如何適當的表達情緒

　　善用我的訊息（I-Messenge）。

　　把自己內心的感受用言語描述出來，在我們遇到讓我們受到威脅，無論是需要的滿足受阻，或是人際之間的需求互相有所衝突，人的情緒就會油然而生，驅使我們完成內在需求。如果一直未能滿足需求，人的行動可能就會卡住了，而讓自己失去信心產生焦慮。像是生理上流汗或排尿過多，讓我們感到口乾舌燥，意識上開始做一連串的判斷，可能有的是在現在的場合是否適合飲水、現在的情境要如何找到飲水或飲料，接著用眼睛搜尋飲水的位置，意識的下令移動身體，舉起飲料，最後完成水份的攝取，在這個過程中如果受到了干擾，會產生焦急的情緒，更會趨使人們放下其他的事；如果我們能表達出我們現在的需求，會使我們在夥伴之間產生微妙的變化，會感覺到責任的共同分擔，自然情緒會較為紓解，問題也較能得到解決。

　　「我的訊息」的表達情緒是用於人際之間的溝通，讓他人了

解自己的情緒,溝通的方法因人而異,可依以下的步驟依序來進行(鍾思嘉,2005):

一、首先描述自己的困擾、不安的行為(只描述行為本身,而非指責對方)。

二、陳述自己對行為可能後果的感受。

三、陳述理由(或事情產生的後果)。

　　例如:朝山很憤怒、大聲斥責的管教孩子,期待孩子依照自己的意思來作息,但是似乎總是使親子關係緊張,孩子也大聲的頂撞。我們再把事件往回推來看情緒的變化,一開始大約九點時,朝山如往常一般地看著電視,心情很平靜還不時的被電視中的情節所逗笑。到了十點,朝山想起早上孩子要去同學家玩,並答應晚上十點會回家,朝山從擔心孩子的安危、到生氣孩子的不守信用。運用「我的訊息」,朝山在練習之後當孩子回家對孩子說:

一、孩子,你超過了十點鐘未能回家。

二、我很擔心。

三、因為晚上治安不是很好。

　　此時孩子接收到的訊息是父親的關懷,也了解自己未能準時回家而造成家人的困擾,並從父親那學習以別人的立場來看事情。如果朝山以大聲責罵的方式來管教孩子,孩子學習到的是憤怒、生氣,以大音量來得到別人的注意,所以親子的溝通可能多是用吼叫的。

　　「我的訊息」的表達情緒我們可以發現,在溝通前我們會先覺察到自己的情緒,以及引起情緒的原因,其語言模式如下:事實－感受－理由。一般的語言用語是「當……,我覺得……,因

為……」，要特別注意有時會誤用，如：「當你在忙得不可開交的時候，我覺得很無聊，因為你讓我很孤獨」。這樣的訊息是以「你的訊息」為出發點。「我的訊息」可改為：「當你不能陪伴我的時候，我覺得蠻失望的，我期待能多一點的機會和你在一起」。所以「我的訊息」的意圖，是以自己為出發點，單純的表達自己的感覺就好，用字遣詞儘量明確，還要注意非語言的行為，別讓對方成為代罪羔羊，產生負面的訊息（黃惠惠，2002）。

⊟ 第四節　轉換情緒的方法

一、接受（Accept）：認識並接受自己的情緒，常聽到有人說，我沒有感覺，我不知道自己在生氣或難過，那是他沒有仔細去聆聽自己內心的聲音，只有認識並接受自己的情緒，才能將壞情緒轉換成幫助自己的能量，讓自己更容易達成目標。

二、選擇（Choose）：選擇是選新的創意想法，請不斷提醒自己，每件事情的背後必有更高的善意，聰明的你只要有任何新的正向想法，都是好的開始。

三、力行（Execute）：有了正向的想法恭喜你，你已成功了一半，再來需要力行你的選擇，你已開始轉向愉悅的心情，使自己走向健康的人生。

　　將 ACE 王牌法則成為自己的信念，想法會成為習慣，習慣會成為性格，而性格的改變人的命運也會產生不同的變化。

壹、保持體力和情緒的平衡

我們在情緒的理論中可以知道，情緒的生理反應在個體演化中扮演很重要的角色，是為了讓個體能更迅速的反應，適當的運動維持自己良好的體能，我們在生理上維持恆定，就是讓情緒回歸平靜的過程，而且情緒可以藉由運動來紓解。當你在辦公室忙了一整天，累積了一堆情緒沒有紓解，大多數人是把情緒帶回家，而影響了家庭生活，倘若在情緒累積後能以運動的方式來紓解壓力，如：游泳，不但可使自己冷靜一下，順便消除了身體的疲累，即將爆發的情緒自然找到了出口，和周遭的人之間的關係自然會更和諧。

貳、情緒管理的行動方案

一、吸氣（深吸一口氣）

我們在第二章提到，許多情緒會有呼吸加速的生理反應，是為了使人們能有更多的氧氣，以利產生適當的行動。所以先深吸一口氣可以讓我們得到較多的氧氣，除了讓人體能有效地達到產生行動所需，人們的生理回饋機制，也會使刺激產生情緒的大腦回到平靜的階段。同時我們平時可以練習以深呼吸來放鬆自己，就像瑜伽中的腹式呼吸法，既可以放鬆，又可以健身。

二、離開（離開現場）

環境會觸發情緒，像觸景傷情或是對某人有生氣或嫌惡的當下，眼不見為淨是上上之策。像孩子到百貨公司看到自己想要的玩具而以哭鬧的方式來作為達到目的的手段時，最好的處理方式就是帶他離開現場，沒有了觸發情緒的環境、物品，情緒自然會得到緩和。

三、最愛（去做一件自己最喜歡的事）

既然情緒能趨吉避凶，只要我們去做了自己喜歡的事，心情就會從負向轉為正向，大腦會充滿愉悅的感覺，易有新的創意想法，能理性的評估，以產生智慧的言語和行動方案，讓生命更有動力來面對挑戰。

四、回頭（回來之後經思考再繼續溝通）

回歸理性，傾聽夥伴的表達，積極傾聽而且真正的聽懂、聽完夥伴的話，以同理的技巧來回應。以真實的自己情緒需求來告知自己的夥伴，也就是用上一節所學習的「我的訊息」來和同伴溝通。

▣ 第五節　如何面對他人的情緒

我們在前面有提到情緒是會傳染的，所以負面的情緒如果像傳染病大規模的流行，不但會影響到人類互利共同合作的社會行

為，而且在孩子耳濡目染之下，使負面情緒在人類社會中存在，影響人和社會的健康。像在嬰兒房常會發現一個嬰兒開始哭之後，其他的嬰兒會感染到苦惱，一起大哭像演奏交響樂團似的，這是情勢傳染的最初形式。如果照顧者給予身體輕輕地撫拍，嬰兒會接受到友善情緒的訊息，而使情緒緩和。所以我們天生就有接收或傳達正向情緒的能力，以下是面對負面情緒時，協助他人轉化情緒，以及建立良好人際關係的技巧。

壹、積極的傾聽

傾聽是接收情緒訊息的最佳方法，我們為何要積極傾聽呢？我們形容耳邊風就是最佳寫照，積極的傾聽有許多的功效，不但是讓說法的人得到鼓勵，在適當的反應之下，有情緒的人會覺察到自己的情緒化，能幫助對方紓解情勢，而且也能提醒自己別陷入情緒的傳染之中。

首先要注意一些肢體動作，如果可以的話引導對方一同坐下，遞上茶水，眼睛要注視在對方的雙眼和鼻子之間，說話者會感覺到受尊重、溫暖且自然，保持一個感到安全又適當的距離，身體些微前傾，放下手上的工作，是積極傾聽的第一步。我們常會聽到許多的家長抱怨孩子不和自己溝通，其實問題常出在未能積極的傾聽，和孩童說話不但要放下手邊的工作，更要把自己的視覺高度降低，也就是常要蹲下來正視孩子和孩子一般高。

在傾聽的過程中可使用隱約式的鼓勵，像名新聞媒體主持人誇張的「嗯哼！」就是最好的示範，我們會不自覺的繼續說下去。另外，在傾聽的過程中請耐心的聽完，心中要避免去想要如

何說自己的想法和感覺，而是準備回應說話者所說的意思。（例如孩子回家把書包丟在地上氣呼呼的說：老師很討厭！許多家長會直覺的回應是大罵一頓：「當學生的怎麼可以罵老師？」），而關閉了溝通的大門。正確的做法應該是：先放下手邊的工作，來到孩子的身邊，和緩的回應：「你說老師令你很不舒服，可以說說發生了什麼事令你如此生氣。」

貳、非口語行為的觀察

情緒的產生從發出的聲音、臉部的表情，身體的姿勢等會透露出訊息。當我們在觀察別人的時候，我們是專注而內心是平靜的，可以從別人的非口語行為，如肢體語言、聲音、姿勢以及動作來檢視，是否會有和口語相矛盾之處，可用來澄清對方的感覺。

參、同理心的練習

在第二章我們有提到同理心可以拉近人際關係，是利用反映他人的情緒來建立親和力的友好關係，在心理諮商及輔導上是一個常用的技巧。現在我們來做個小小的練習：

情境 1：小玲跑回辦公室把書本丟在地上，口中說：「再也不要理阿志了。」

反　應：似乎阿志做了什麼事讓你如此生氣。

情境 2：阿山要去醫院做心導管檢查，他直說：「我很好！讓醫生看看就好。」

反　應：好像你擔心醫生會發現自己的心臟有問題。

肆、溫暖的鼓勵

　　人需要鼓勵就像是植物需要陽光和水一樣。鼓勵是一種將注意力放在人的天賦資產與能力上，以建立他們的自信與自尊的過程（鍾思嘉，2005）。鼓勵和讚美不同，鼓勵是沒有條件而且具體化的，鼓勵時要注意以下的事項：

一、確定你的鼓勵對象的年齡和能力。

二、鼓勵要避免觸及過去的缺點和失敗。

三、避免和其他人對照比較（情緒中有對照的要素）。

四、協助自我肯定，將「你進步了，我以你為榮」改為「你進步了，你一定覺得自己很光榮」。多用具體的言辭，少用抽象的讚揚。

伍、平靜的放下

　　人生命中有些情境是一定會發生的，存在主義提到死亡、自由、孤獨以及無意義等，是人世間一定存在的衝突（易之新譯，2003）。把對未來的焦慮放下，逐漸把目標轉到當下，當無論情緒如何轉化都無法改變存在的事實時，學習放下是心靈平靜的基石。

🔄 第六節　特殊人群的情緒管理

　　根據行政院主計處（2001）指出，台灣已進入後工業時代，全球化及產業環境的大幅變遷，台灣失業問題愈來愈嚴重。1990年初期失業率皆維持在 2%以下，而 1995 年後逐漸升高，至 2002年達到高峰 5.17%。

　　黃彩惠（1997）研究發現，失業者在失業期間需面對許多嚴重的問題，如經濟短缺、心理情緒問題、因壓力過大而引起的身心症狀問題、與家人親友的互動逐漸惡化以及求職的壓力。一般人均認為「人就是需要工作」，失業後會被烙印上不舒服的感覺，失業者會感到沮喪、無價值感、社交缺乏、孤立無援、為求職所苦。洪榮昭與吳銘達（1999）指出，失業求職者對失業的煩惱有不同的看法，男性較女性會因失業而感到孤獨、與家人關係惡化、與朋友關係惡化；在心理反應發現，失業求職者並不會認命而放棄找工作，並想在失業求職的階段中能做些以前沒空做的事。

　　失業者一般被烙印標記是經濟上無能而沒有價值的人，除了經濟來源的減少，失業者的心理狀態會逐漸增加焦慮及減少士氣，減少對幸福感及心理健康的覺知，產生情緒的不穩定，失業期間的增加會有階段性的心理狀況發生（詳見表 5-1），其士氣水平是一曲折的演變（見圖 5-4）。

表 5-1　失業後的心理反應階段

一、幸福感	感覺從工作中被解放
二、衝擊	了解失業後所涉及的經濟問題
三、樂觀	試著要找一份新工作
四、悲觀	感覺沮喪及失敗
五、宿命	接受失業的烙印

資料來源：參考自鄭惠文（1999）。

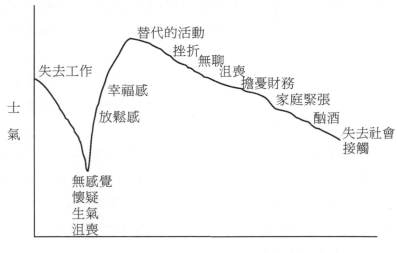

圖 5-4　失業期間士氣的影響（參考自鄭惠文，1999）

這些年，在國內失業率居高不下的就業環境下，「單身寄生族」、「借貸一族」、「高學歷打工族」等名詞盛行於校園，畢業可能就失業的大學生只好自力救濟，其中一萬三千名大學生拒絕當社會新鮮人，利用「延畢」的手段，暫避失業熱潮。另外，畢業之後找不到工作的高知識份子，為了想找理想的工作而延宕了就業時間，成為一個新的失業族群。像時下的流浪教師，我們都看到了許多情緒流露出來。

二十多歲的社會新鮮人進入職場愈來愈不利。從日本到台灣，慢慢出現山田昌弘所謂的「單身寄生貴族」，年輕世代不僅不能接替父母承擔家計，反而持續成為父母的負擔，年紀在二十到三十五歲之間的年輕人，住父母的、吃父母的、用父母，就是所謂的「歸巢族」或「尼特族」，到了應該獨立自主的年齡，卻仍依賴父母。「生涯早期失業」對失業者的未來會有持續的影響（Wadsworth et. al., 1999）。

當人們失業後，就表示需要用一些活動去填滿每天約 8-10 小時的工作時間，雖然自由的時間增多，但休閒時間卻沒有同等的增加，是因為失業後喪失了目標、自信被破壞、找工作不如意等，使自己對自己有較低的評價及缺乏動機參與活動，大多數的人在面對剩餘的時間覺得無聊，並沒有放鬆與休閒的感覺。以下是失業族群情緒管理的建議：

壹、有益活動的調節

參與休閒可讓人脫離與失業有關的壓力達到放鬆的效果。休閒活動有減少失業者潛伏損失（Waters & Moore, 2002），投入一

些有意義的活動能調節失業所帶來的負面心理效果，失業者是否覺得保持忙碌是心理健康最重要的指標。保持活動能緩衝失業所帶來的負面效果。保持高程度的活動及有能力結構時間者，能有效因應失業。找工作是全天候的，休閒經驗可幫助找工作的人更有找工作的動機。

貳、嚴肅的休閒

嚴肅的休閒（serious leisure）為有系統地從事一項業餘活動、嗜好、義工活動，讓人覺得充實有趣，可從中發展生涯及展現技巧及知識，也就是在失業期間學習規劃自己的休閒，會讓情緒緩和，以休閒活動中得到的成就感來取代挫折。時間的管理沖淡了無聊，肢體的活動轉移生氣和擔心的情緒，在學習新的業餘活動技巧之後，也有機會成為休閒活動指導的工作者，早日脫離失業的陰霾。

綜上所述，雖然失業者會產生許多負面的情緒，失業者生活方式將會對其求職意願、身心健康有所影響，愈能以積極的生活方式來安排失業後所剩餘的時間，可健全日常的社會功能，維持生活的規律及目標，減少因失業所帶來的負面影響。

問題討論

❶請依照情緒記錄卡觀察自己最近一次引發情緒的事件，並請畫出情緒記錄圖譜。

❷請寫下一天情緒的日記。

❸要如何以正向的信念來看引起情緒的事件？

❹要如何適當的表達情緒？

❺情緒管理的行動方案有哪些？

❻失業者會產生哪情緒？

參考書目

行政院主計處（2001）**中華民國社會指標統計**。台北，行政院主計處。

吳娟瑜（1997）**吳娟瑜的情緒管理學**。台北：里仁。

易之新譯（2003）歐文·亞隆原著。**存在心理治療**。台北：張老師。

洪榮昭、吳鋁達（1999）失業者對工作本質的看法及其失業心理之研究～以台北市為例，**就業與訓練，17**，44-47。

黃彩惠（1996）**台灣地區失業者狀況之探討——以製造業關廠歇業失業者為例**。國立中正大學社會福利學研究所碩士論文，嘉義。

黃惠惠（2002）**情緒與壓力管理**。台北：張老師。

張怡筠（1996）**EQ 其實很簡單**。台北：希代。

廖月娟（2001）內斯·威廉斯著。**生病·生病·why**。台北：天下。

鄭惠文（1999）**失業青年之生活壓力、休閒支持、休閒決心與身心健康之關係研究**。國立高雄師範大學輔導研究所碩士論文，高雄。

鍾思嘉（2005）**培養有責任感的孩子**。台北：桂冠。

Waters, L. E. and Moore, K. A. (2002) Reducing latent deprivation during unemployment- The role of meaningful leisure activity. *Journal of Occupation and Organization Psychology, 75*, 15-32.

Wadsworth, M. E. J. Montgomery, S. M. and Bartley, M. J. (1999). The persisting effect of unemployment on health and social well-being in men early in working life. *Social Science & Medicine, 48*, 1491-1499.

Chapter 6
情緒教育的實施

有人認為台灣的經濟奇蹟為歷年來培育了大量且分佔各領域的專門人才，本著「喜歡做，甘願受」的打拚精神，亦即普世性的知性學識加上「苦幹實幹，不畏艱難」的台灣精神尤以致之。曾幾何時，最近台灣抗爭迭起、秩序失調，很多光怪陸離事件不斷出現，如集體燒炭自殺、親手殺害直屬血親（父母或子女）等，有人歸諸於長期教育的陶冶產生了偏頗，無論家庭、社會或學校，人際互動的重心在於教材教法的熟稔，如何準備考試與通過各類升學或就業考試，亦即繞著考試方面的競爭力在轉，此與教育的本質漸行漸遠。對於每位在成長中的孩子來說，應當使莘莘學子在和諧、愉快的氣氛裡身心潛能獲得最充分的發展，進而展現自我充實而美好的人生，這正是情緒教育的實踐所要扮演的重要歷程與角色（王財印，2000）。

　　本章敘述嬰幼兒時期、兒童時期、青少年時期等情緒教育階段性要面對的重點，並從學校教育為出發點，喚起老師、家長、

社區人士的重視，提供教學重點及教學活動設計等實踐情緒教育的有效策略及途徑。

第一節　嬰幼兒時期的情緒教育

家庭是生命發展的源頭，原生家庭的教養觀，父母與孩子的互動模式，家庭中成文、不成文的規定和習慣，都會影響我們的情緒表達方式。當然，遺傳學者也提出「基因」的影響面，包括情緒的個別差異、行為的表現方式等，都登載在父母傳給兒女的基因中。每個人的一生既享受基因賦予的好處，同時也無法避免某些劣勢特質。因此，自傷、傷人的問題不在情緒本身，而在於情緒表達方式是否恰當。若要澄清日常生活中林林總總的困擾，大家都應該試著了解自己的感覺、接納自己的感覺，善於疏導負面情緒，一些令人遺憾的社會事件自然就會減少。

壹、認識嬰幼兒的情緒發展

根據布立芝（Bridges, K.M.B.）女士的研究，出生嬰兒的情緒只有恬靜、興奮兩種狀態，約出生三個月左右，才從興奮狀態分化出苦惱和愉快兩種基本情緒；六個月大左右，又從苦惱情緒中分化出恐懼、厭惡、憤怒；六到十二個月之間，又從愉快中分化出喜愛、得意；一歲半左右，再從苦惱情緒中分化出嫉妒；兩歲左右，快樂的情緒也分化出來；到五歲左右，已具備成人所有的情緒。

嬰幼兒期的哭聲、揚眉、打呵欠、眨眼、皺眉頭等非語言訊息，都是情緒的表達方式。伴隨著動作的發展，孩子的情緒表現有了更多的面貌：七、八個月大的孩子生氣時，只會兩腳亂踢、兩手亂搖、大聲哭叫；十八個月左右的孩子在需求未被滿足時，可能會咬人、踢人、推人（最大遭殃者往往是主要照顧者）；四、五歲的孩子，語言表達順暢，就不太會用哭鬧或肢體動作表達，而是選用負面語言攻擊或報復。再大一點的孩子，為了怕別人嘲笑，更懂得掩飾自己赤裸裸的真實情緒，會用迂迴、間接的語言或方法表達情緒。因此，動作能力、認知發展、情緒分化、行為表現彼此密切交織。嬰幼兒除了銘印父母的基因之外，也深受教養環境的影響。情緒表現較躁進、紛擾的人，探究原因泰半肇因嬰幼兒期情緒未得到正常的發展。

貳、嬰幼兒的情緒教育

在懷孕階段就可以透過胎教和孩子建立最初始的親密關係。保持孕婦本身的身心平衡，不要讓準媽媽持續沮喪、焦慮，或受到極度的驚嚇和悲傷，因為母體在極度壓力下，大腦會命令腎上腺分泌可松體（cortisone），讓更多血液流入母體內部器官，而減少胎兒所需要的血液、氧氣。另外，咖啡因、酒精、尼古丁等，對胎兒的發展都是非常不利的。準媽媽要常聽柔和、輕快的音樂，常常對著胎兒用心用情地說話，因為胎兒的記憶力已被證實；早一步讓孩子熟悉母愛的撫慰，是生命早期不可忽視的影響。

嬰幼兒期最初的情緒教育，在於與父母親（主要照顧者）的

互動關係。嬰幼兒與父母間有輕鬆、快樂、和諧的合作關係，才能建立和平、安全、信任的依附關係，相對的就能更順利、圓融的發展與他人的互信、互愛關係。巴克里（Barkley）博士更提到家有難纏兒的父母，每天至少要用二十分鐘以上的「特別時間」，給予孩子更多的注意和關愛。尤其曾頻頻遭致負面注意、負面批評的孩子，更需要溫暖的眼神，接納肢體接觸，才能締造愛與信任的親子互動。

除此，讓孩子多聽音樂，多聆聽有趣的故事，多欣賞有美感的圖畫書，充分滿足孩子各階段的生、心理需求；多提供安全、適齡的遊樂設施和遊戲，比如扮演遊戲，讓孩子在無壓力的狀態下，反映出內在的心靈狀態，在自言自語或三五同儕的對白演出中，許多的壓抑、不滿足都能得到無形的釋放；多給予可自行操弄的玩具、教具；多陪伴孩子接觸大自然，培養多方面的興趣，使孩子心胸更開闊。充分的營養和睡眠也是不可缺少的，更重要的是用心聽孩子說話，有效的傾聽和同理心的回應，能讓孩子清楚「聽見」自己內心的聲音，並有機會用自己的語彙表達。

參、引導孩子認識情緒

成人是孩子心靈地圖的領航員，因此，嬰幼兒情緒教育在於提供孩子適合的情境，讓個人的情感層面得到開展和提升，成為情緒的主人。

一、引導孩子察覺自己的情緒

讓孩子了解外在環境的刺激和訊息或內在的身體狀況，都可

以透過語言來表達，如：「你今天快樂嗎？」「是什麼事情讓你快樂？」「不讓你買玩具，你很傷心嗎？」也可以引導孩子看到情緒波動時和身體的關聯性，例如：「你看你哭了這麼久，眼睛都紅了！」「哭久了，喉嚨很痛、頭很痛，對不對？」「你生氣時，手臂的肌肉變得緊緊的，呼吸也變得很快喔！」。

二、以「同理心」傾聽

適度引導孩子表達情緒，如：「你很擔心沒有人陪你完成小魔女的造型？」「如果換成是我，我也會很擔心。」使用孩子理解的字眼和孩子溝通，如：「你哭了，是因為剛剛小明誤解你的意思，讓你覺得被冤枉，對不對？」「下一次，小華再搶你的玩具，你就告訴小華：『這是我先選的玩具，你想玩就要等。』」。

三、引導孩子正向、積極思考

如：「哇，太好了！下雨天正好可以邀請小麗來家裡玩。」

四、幫助孩子轉移注意力

帶孩子離開情緒受干擾的現場，如停電時，跟孩子說：「先去洗個澡，說不定等一會兒，電就來了！」

五、協助孩子擬定計畫，解決困難

如對孩子說：「你想去爬山，又擔心小魔女的掃帚沒做完，如果先做一部分，傍晚下山後，再做另一部分，你覺得可不可行？」

肆、幸福洋溢的孩子在你家

　　嬰幼兒的情緒教育不能「即時下載，以秒傳輸」，必須點點滴滴，每天每年慢慢進行。家庭是鍛鍊EQ的最佳場所，從小生命受孕開始，就是培育高情緒智力的關鍵歲月，為了孩子的身心健康、良好性格、堅韌耐挫力，父母更需及早認識嬰幼兒的情緒發展，了解情緒教育的引導方法。不管天天天藍，天天天雨，幸福滿溢的孩子一定在你家（張庭枝，2003）。

伍、幼兒情緒教育的實踐

　　丹尼爾‧高曼表示，情緒智商包含了五項能力：⑴自覺；⑵情緒管理，特別是負面的情緒；⑶自我激勵，讓自己經常停留在樂觀的心神狀態，摒除挫折感；⑷同理心，除了具體的言辭之外，還能感受他人無形的感覺；⑸社交能力，會運用較有效率的方式與他人互動。當孩子擁有高EQ，不僅有助於學習，在生活上也能更順遂。那麼，如何輔導孩子的情緒發展，使他的情緒變「聰明」呢？

一、滿足幼兒的基本需求

　　幼兒有生理、心理和社會的基本需求，包含飲食、睡眠、安全、自我表現、被愛、接納、工作、社交等，如果這些基本需求無法獲得滿足，將影響其情緒發發展。舉例來說，幼兒若睡眠不足，可能會哭鬧、不安，而使情緒緊張，如果父母不加理會或只

是責罵,將會有不良的後果。

二、引導幼兒認識自己

擁有自覺的人清楚自己的情緒狀態,懂得管理自己的情緒,使自己的心情常保愉快。

成人可以在日常生活中隨機引導幼兒,認識自己的情緒及表達、宣洩的適當方法。例如:某些幼兒園的教室中設有「情緒椅」,老師平時會和幼兒討論各種情緒,並建議幼兒利用代表快樂或難過的「情緒椅」來告訴他人:「今天我很高興」,並分享開心的原因;或者是「我今天心情不好」,需要獨處或老師、同儕的安慰等。同時,老師也能藉此觀察幼兒的情緒變化,並給予適當的輔導。

三、培養幼兒的同理心,尊重每個個體

同理心即能設身處地,將心比心地了解他人的感受。有同理心的人能對別人的處境感同身受,與別人關係融洽、相互關懷,而這也是道德判斷及行為的基礎。所謂「人飢己飢,人溺己溺」就是對需要協助的人產生同理心。

反之,缺乏同理心可能是犯罪的因素之一,因為罪犯對受害者的痛苦視若無睹,才會犯下慘絕人寰的罪行。

《EQ》一書中提及,父母能對孩子的快樂、悲傷等情感,做出同理心的回應,孩子將會感受到父母的了解且回饋自己的感覺,而奠定良好的情感觀念。同時大人對別人同理心的表現,也會成為孩子模仿的對象,有益於其同理心的培養。此外,讓幼兒在照顧環境、花木或飼養小動物中,懂得呵護和尊重生命,自然

不會有傷害別人的舉動出現。

四、增進幼兒的社交能力

社交能力良好者，善於以被社會或人們接納的方式表達情感，建立良好的人際關係，而容易融入群體，廣受歡迎。因此，父母可鼓勵孩子多與他人互動，從而學習基本的社交能力，例如：主動與人接觸、坦然直接和人對話、適時表達謝意、會說「請」和「對不起」等。

蒙特梭利教學的混齡編班，便提供幼兒許多社會互動的機會。發展正常或年齡較大的幼兒在引領能力較弱的幼兒時，為了扮演好指導者的角色，得以培養助人、奉獻、考慮對方感受等能力；而年幼或發展較慢的幼兒則能找到適合自己的立足點，學習適應社會的技巧。

五、良好的情緒，健全的人格

情緒在幼兒的心理生活上佔有重要地位，隨著情緒的發展，愛、恐懼、憤怒、嫉妒等各種情感進入幼兒的生活，形成其未來性的基礎。情緒過分激烈或壓抑，都有害幼兒的身心，惟有當情緒得到良好的發展，才能建立健全的人格。

但是放眼現代社會，父母因忙碌無暇照顧孩子，將孩子送到保母處或托兒所，喪失了親子間情感交流的質與量；而學校及社會也忽略了情緒教育……種種因素造成孩子 EQ 低落、人格偏差，甚至犯罪。家庭、學校、社會實應深切體認情緒教育的重要，引導每一個兒童成長為健全的成人，如此才能終結社會亂象與凶殘風氣（單偉儒，2003）！

陸、幼兒情緒教育實踐策略

　　幼兒的情緒表達與辨識可增進幼兒的自我覺察，進而自我了解，減少自我中心，而能建立良好的人際互動與行為習慣，家長與教師應多傾聽幼兒心聲，且多運用輔導策略鼓勵幼兒表達自己的想法與情緒。在此提出下列幾項情緒教育訓練策略，提供家長及幼教工作者之參考：

一、自我畫像：讓幼兒畫出心目中的自己，並向鄰座同學作自我介紹，說出自己的三個「最」，如最喜歡的人、事、物；最難過的是……、最希望……、最生氣……、最得意……等事，與朋友分享情緒及自己的世界。

二、每日一星：運用公告欄，每天表揚一位表現優良的幼兒事蹟，並用微笑獎牌加以鼓勵，亦做到通通有獎的原則，讓學生在優點轟炸中肯定自己，並建立自信與愉快的情緒。

三、每日一句：教師可每日運用聯絡簿或口頭發表，請幼兒完成一個句子，例如：「今天我很……」、「我想要……」、「我的爸爸……」等等以了解幼兒的心情及感受，並能具體表達個人情緒。

四、心情臉譜：教師介紹情緒的類型與性質，如喜、怒、哀、樂等情緒的變化及意義，鼓勵幼兒每天測量心情，勾出心情臉譜，並能找出情緒激起的原因。例如：今天我覺得很高興（畫出笑臉），因為媽媽買了一個玩具給我。今天我很傷心（畫出哭臉），因為……。

五、停看聽活動：讓幼兒練習了解他人的情緒，專心聆聽別人說

話，以建立友誼。教師可設計「紅黃綠燈活動」，紅燈亮表示幼兒要停下工作或遊戲，黃燈亮表示注意看別人臉上表情反應及代表意義，綠燈亮即表示要傾聽他人說話，如此可以訓練幼兒傾聽與了解他人及溝通能力。

六、看圖書說故事：運用故事圖片讓幼兒說出圖中人物的故事及情緒，並能想出問題解決方法及最後結局，而做良好的故事發展結局，使幼兒能辨識情緒，並想出處理問題的方法。

七、遊戲治療；運用寓教於樂活動，如唱歌、扮家家酒、角色扮演、深呼吸、運動等方式紓解不愉快情緒，並能了解不愉快情緒的原因，而對症下藥，減少哭鬧不理智的行為，代之以良好情緒紓解活動，將情緒導之以正。

八、親師溝通：教師如發現有特殊情緒障礙幼兒時，應先作個別談話，再做家庭訪問，以了解其家庭背景及情緒障礙原因，與家長溝通幼兒成長史與管教態度。必要時做管教方式的改善或教育的訓練，以改變幼兒的不良情緒與習慣行為。

九、社交技巧訓練：訓練幼兒生活禮儀規範及社交技巧訓練，舉辦小紳士、小淑女活動，指導幼兒學會衣、食、住、行、育樂等基本禮儀，並能常說：「謝謝」、「對不起」，建立良好人際互動，使幼兒成為彬彬有禮的好孩子，讓孩子自尊也能尊人，必能建立良好人際互動與情緒。

十、人際互動角色扮演：讓幼兒演練日常生活中時常發生情境，如玩遊戲、吵架、工作、被排斥等，使其在模擬情境中感受不同情緒反應，並能演練更好的處理方式，將可減少衝突，增進人際關係。

土、情緒教育訓練方案：丹尼爾‧高曼（1995）認為良好的情緒

教育訓練方案包括下列幾項：

㈠情緒技巧教育，如情緒辨識、情緒表達、評量情緒強度、情緒管理、延遲滿足、克制衝動、減輕壓力、分辨情緒與行動的差距。

㈡認知技巧的教育，如自說自話、解讀社會訊息、按部就班地解決問題、了解別人觀點、了解哪些行為是可接受的、抱持正面的人生觀及自覺等。

㈢行為教育，如非語言行為及語言行為的辨識、了解與溝通等，均有助於情緒智商（EQ）的增進及情緒的穩定與成熟，均可作為訓練內容。

綜上所述，可知幼兒情緒教育訓練的內容與策略頗多，無法一一詳述。其訓練方式大致上均由情緒的辨識、自覺、認知到行為的良好表現，可知幼兒的情緒管理與行為的建立有密切關係，家長與教師可掌握此一要素，在寓教於樂的原則中逐一實施情緒教育訓練，將能收到良好成效（魏麗敏，1997）。

第二節　兒童時期的情緒教育

對現代人而言，EQ 是非常重要的，老師該如何實施，以提高學生的 EQ？以下幾種方式將有助於提升情緒智力。

壹、教導兒童面對自己的情緒

不管要解決哪一種問題，當事人第一步要做的是察覺到且要

承認自己已碰到的問題。指導學生可以閉眼用放慢動作電影的方式，來深刻且詳細的透視它；閉上眼睛努力回憶一件最近令其感到情緒波動的經驗，並讓每一個細節儘可能像電影影像一樣鮮活的出現，包括想法、感覺、生理上的反應及當時的反應方式，最好像放慢動作一樣，讓學生體會得更清楚、更完整，也藉此機會增加其對於問題成因的了解。

貳、使兒童分析與情緒有直接關聯與間接關聯的因素

所謂直接相關因素是有助於問題發生的因素，例如，兒童偷竊行為使其產生羞愧之心。這個問題的直接關聯因素可能是其他同學的錢財物品未放置妥當，或該生因多次偷竊未被捉到而無意中增強了該行為等。間接關聯因素則可能有該生想以此來吸引老師及同學的注意與關心、父母未給予合理的零用錢等。原則上，情緒管理的最基本方法是：連根除去與情緒發生有直接關聯的客觀問題本身，或除去有直接關聯的正相關因素及設法補強負關聯因素。

參、養成兒童對所遭遇的問題，建立邏輯的解釋

若學生當時的情緒是焦慮的，他可能重複地對自己說：「那是可怕的事」或「如果辦不好，那就糟糕了」，雖然這些內語可能是整個事件的結果，但這些內語肯定會進一步引發焦慮心理與生理反應，而這兩個層面的反應又進一步地增強與延長焦慮反應。此時，如果學生能停止上述內語，而代之以正向內語，例

如：「那沒什麼可怕，但還是最好不要發生，假如一定會發生，就讓它發生吧，它是傷不了我的。」如此可把焦慮情緒的惡性循環切斷，將之改變為較具彈性、符合事實的思考習慣，並啟動另一層正面情緒反應的循環。

肆、教導兒童調整生理情況的情緒管理方式

現今有很多方法常被採用來調整情緒反應的生理過程，如深呼吸、肌肉放鬆運動、瑜伽、慢跑、游泳、韻律操等。以下茲介紹肌肉放鬆運動，其指導語如下：

階段一：我很平靜、很放鬆。（反覆五次）

階段二：我的右手很重……，我很平靜……。（反覆五次。依序為左手、右腳、左腳、頸部、肩膀）

階段三：我的右手很溫暖……，我很平靜……。（反覆五次。依序為左手、右腳、左腳、頸部、肩膀）

階段四：我的呼吸很平和、規律……，我很平靜……。（反覆五次）

階段五：我的心跳很平和、規律……，我很平靜……。（反覆五次）

階段六：我的額頭很涼……，我很平靜……。（反覆五次）

階段七：我很機敏、清爽並且全然放鬆……，我很平靜……。（反覆五次）

透過這些運動，兒童可以把隨緊張情緒產生的淺而急促的呼吸，變為心情舒暢時的深而慢的呼吸，可以把緊張冰冷的四肢變為溫和血液順暢等。

伍、建議兒童與他人討論或交談

當兒童遇到情緒不穩定時，找家人、朋友、親戚、同學、老師談一談是一種最基本的情緒管理技巧；有時即使僅是見見面、談一談，就算沒有談到問題的要害，也具有緩和、撫平、消滅激動情緒的療效。

陸、指導兒童學著用「我」訊息，表達自己真實的感受、需要

讓兒童知道怎樣才能不指責別人應不應該，而又能讓對方了解自己的困難或需要，這時需要用的是自我肯定的「我」的訊息，如：「當我放學回家後，我常覺得很累，我想先休息一下再做別的事」、「如果老師願意聽我解釋理由，我會很感激」。有時清楚表達自己的立場、感受、需要，別人才知道要如何配合你。

柒、致力於同理心的訓練

同理心是一種情緒判斷的能力，人與人之間的爭執與衝突，常緣於自我中心的本位主義立場，無法從別人的觀點看事情，不能設身處地地為他人著想。教育上我們可以透過角色扮演，使學生能易地而處，明白當事人的感受。

捌、重視社交技能訓練

　　雖然學業是重要的，然而對學生而言，與老師、同儕建立良好的人際關係可能是最重要的適應性行為，被同儕拒絕和社會孤立可能與學校的不適應、退學、青少年犯罪、自殺傾向、低學業成就及較差的自我觀念有關。我們可以透過班級經營及班級輔導活動，了解學生互動的情況，並鼓勵學生形成「友誼團體」，彼此接納、信任、扶持，進而培養學生合群、互助、溝通、協商及領導能力。

玖、採行問題解決模式

　　所謂問題解決模式有四個步驟：(1)說出遭遇的情況及感受；(2)運用腦力激盪思考可能的解決辦法；(3)評估各種辦法所可能造成的後果及影響；(4)擇一辦法付諸實行。本模式適用較年長的兒童，能有效解決實際遭遇的困擾。

🔲 第三節　　情緒教育教學活動

　　情緒教育所囊括的範圍很廣，但是它最終目的就是幫助人們擁有「有效的社會技巧」。即一個人在與他人相處時，能合理地達成自己的願望，同時也不妨礙他人達成願望的一種能力：合群、樂觀、能與人分享、能處理並轉換自己的情緒、能同理並體

諒他人、能解決衝突、能自我肯定等。

壹、與人分享

主題介紹：凡事多為他人著想，少以自我為中心。以兒童來說好朋友最重要的是「在一起」，一起玩、一起讀書、一起上廁所……，所以當孩子有人際問題時，最好鼓勵他「加入」其他小朋友的活動中，而不是責罵別人或鼓勵他趕快交「新」朋友，而「加入」最快的方法就是培養孩子能與人分享的能力。

「與人分享」的活動設計如下：

一、鏡子遊戲──幫助孩子了解自我中心與為人著想之間的差異，並明白什麼是令人喜歡的

讓孩子對著鏡子裡的自己說說話、做各種表情（如果你想看到溫柔的臉，你必須對鏡子做什麼表情？如果你不想看到凶狠的表情，你必須怎麼做？）；並練習真心誠意對身邊的每一個人說一句讚美的話，如魔術字的妙用（「請」是會使人願意照你意思去做的魔術字、「謝謝」是會讓人心情好，並且願意為你服務的魔術字、「對不起」是使人不發脾氣，並且能原諒你的魔術字）；讚美的妙用（每個人都喜歡被讚美，對他人適度真誠的讚美會使對方開心，使彼此關係更和諧、更愉快）。人與人相處就像在照鏡子，你關心別人，別人自然也會關心你。

二、種東西遊戲──以種東西的概念，幫助孩子了解希望別人用什麼方式對待你（收穫），你就要先用相對的方式對待別人（栽種）

讓孩子明白什麼行為會引發什麼反應（沒有標準答案，可讓孩子儘量發揮），如和善會引發微笑→友誼→關心……。凶會引發害怕→躲避→憤怒……。

以在泥土裡種東西的簡單道理，用來向孩子說明：我們溫和待人，別人也就比較願意對我們溫和，這樣才能造就和諧的環境；如果我們自私，別人也常會以自私回報我們，反而無法帶給雙方任何的快樂或幸福。用栽種觀念來說明人際關係，能讓孩子體會努力耕耘便可收成的相對原理；另外，也可以用栽種失敗的例子，來讓孩子明白某些人際關係上失敗的情形。

三、匿名服務──讓孩子嚐到「付出」的樂趣

設計各種機會讓孩子付出（和孩子商量一件能為別人做的事），如做好早餐，放到爸媽的床頭；把舊玩具整理好送給家扶中心。

這個過程能讓孩子嚐到為人付出的樂趣，也鼓勵孩子把對人的愛與關懷表達出來，激發良善的一面。但是，因為做這些事常常是不會有回報的，所以我們的支持、陪伴與鼓勵，對孩子而言就更加重要。利用這個活動也讓孩子了解關愛有時是無法求償的，能真心愛人、不求回報，人生會更快樂。

貳、積極樂觀

主題介紹：一個「積極樂觀的平凡人」比「消極悲觀的天才」要快樂得多，因為凡事一定先有想法，才會有情緒，所以，如果你想要快樂、要自在，就一定要有一個健康的想法，而積極樂觀就是最好、最正向的思考方式。

「積極樂觀」的活動設計如下：

一、故事分享——幫助孩子了解樂觀積極與消極悲觀兩者的不同

故事範例：一家大製鞋工廠派遣兩位銷售員前往一落後地區評估，是否要到此地開發銷售市場。第一位銷售員很肯定地回覆公司：「不用來了，根本沒市場，這裡的人根本不穿鞋。」第二位銷售員也很肯定地回覆公司：「趕快來投資設廠，這裡的人目前都沒有穿鞋子，如果一人買一雙，公司就賺翻了。」完全相同的情況，因為我們想法的不同，會有完全不同的反應、不同的心情，而造就出完全不同的結果；當然，要如何選擇完全由我們自己決定，快樂或哀愁的後果也是由我們自己來承受。

二、分享歡樂——透過說笑話的方式，培養幽默感，順便輕鬆一下

讓每個孩子自行準備一個笑話，並上台分享自己的笑話；接著票選「笑話王子」、「幽默王子」……。幽默是人與人相處的潤滑劑，不但可以化解尷尬，還可以製造很多快樂。幽默就是用較輕鬆、有趣的角度去看事情，與樂觀積極看事情有異曲同工之妙。所以想培養自己幽默感的人，要常常訓練自己用輕鬆的心

情、趣味的角度去面對事情。

參、穩定的情緒

　　主題介紹：穩定的情緒不但有助於學校課程的學習，最重要的是可以增進我們的人際關係。想要有穩定的情緒，首先要先接納我們自己的情緒，進而清楚辨識情緒，最後學著以正確、健康的方法表達情緒。

　　「穩定情緒」的活動設計如下：

一、形容詞遊戲——幫助孩子了解發生在自己身上的各種感覺，接受並同意自己身上除了正向的感覺以外，還會有負向的感覺；訓練自己除了感受自己的情緒之外，還能觀察他人的情緒狀況

　　每個人輪流抽出一張寫了各種感覺的小紙條，以啞劇的方式表演紙條上寫的字眼，讓大家猜出是什麼感覺，然後每個人分享自己有過這種感覺的經驗。

　　這個活動可以幫助孩子表達自己的感受，並增強字彙使用的能力。進行的方式也可以改為：設計一張大海報，由學生自行寫出各種情緒的字眼，因為豐富的情緒字彙可以幫助我們斷定感受，也能幫助我們更適切地表達感受，並且可以鼓勵孩子隨時把新的字彙寫在海報紙上，使海報的內容愈來愈豐富。

二、身歷其境——訓練孩子的觀察力以及對情緒的敏銳度

　　和孩子一起看雜誌或書本上的圖片，猜想圖片中人物的感

受。如他聞到什麼？看到什麼？聽到什麼？感覺冷還是熱？（先從生理的外在感受開始討論）；剛才發生了什麼事？他心情如何？他說了什麼話？（再進到內心的情感層次）。儘量讓孩子發揮想像力，不要用我們自以為是的答案去限制孩子的想像。

三、溫度計情緒──幫助孩子表達自己的情緒狀況

情緒是沒辦法丟掉或逃避的，所以健康處理情緒的方式應該是：適度的表達情緒，但是並非攻擊別人，只是讓對方了解我們的想法，因為人有權力委婉而堅定的表達看法與感受。另外，冷靜椅是用來平復情緒的地方，雖然有時候這個方法被用在吵架時的「處罰」上，但在平復情緒時，我們是和自己的情緒、感受、想法在一起罷了；所以儘量不要給孩子有坐冷靜椅是被處罰的感覺，以免引起無謂的抗拒。在孩子離開冷靜椅之前，最好能與孩子聊一聊，確定孩子的情緒轉變狀況與當時的想法，適時給予孩子協助與價值的澄清。

四、情緒控制與情緒轉移──幫助孩子控制並有效轉移自己的情緒

以討論的方式，鼓勵孩子發表，並分享自己曾有過或曾聽別人說過的控制轉移情緒經驗。如果孩子無法說得很完整，則可以由我們來說明，但一定要給孩子練習的機會。參考方法如數數法：情緒爆發前，在心中默默數數，從一數到十以緩和怒氣；自我對話法：有情緒時，先停下手邊的工作，和自己心中的小孩說說話，或者去想一些令自己快樂的事，而不放任自己在氣頭上做出傷人的舉動；自我放鬆法：從臉部的每個器官到身體的四肢，先繃得很緊再慢慢放鬆。

　　每個人所需要的有效方式大多不相同，甚至同一個人面對相同的情境，也會因當時心情的不同而有不同的因應方式。透過這個活動，我們只是幫助孩子多了解各種因應方式，鼓勵孩子在其中選擇比較適合的模式；但是，轉移之後不是不去理它，而是等自己平靜之後再回來面對問題。

五、感覺與需要的遊戲──幫助孩子對情緒有更深刻的感覺，並試著找出當事人的需要

　　說個情境，讓孩子說出當事人的感受？並猜出當事人需要的是什麼？如阿忠全家人約好星期天要一起去參觀動物園，但是到了星期六晚上，爸爸公司臨時通知星期天要加班。於是，全家的聚會只好取消了。猜一猜阿忠現在的心情如何？你猜阿忠現在需要的是什麼？如果你認識阿忠，你會對阿忠說什麼？做什麼？

　　不同的人對同　件事或同一個狀況可能會有不同的反應、不同的需求，而最後也會造成不同的結果；我們應該鼓勵孩子：清楚辨識自己的情緒，然後能清楚表達我們的情緒，之後再學著照顧自己的情緒並能同理他人的情緒狀況。

肆、同理心訓練

　　主題介紹：同理心是站在對方立場，設身處地為人著想的一種能力，同理心不是與生俱來的，它是需要長期的訓練與學習。首先要能站在對方立場了解對方的世界和感覺，再來要練習把對方的了解表達出來，表達時要包含簡述語意和情緒反應。

　　「同理心訓練」的活動設計如下：

一、禮貌運動——讓孩子透過具體的生活例子，了解彼此尊重的重要，並能說出自己的感覺

由老師表演各種粗魯無禮的行為（如坐在桌子上、說粗魯的話……），讓學生表達自己的感受，並讓孩子直接教導老師正確的禮儀與做法。讓孩子在演練中，去體會被尊重的好感覺與不被尊重的爛感覺，有了體會之後，孩子會較願意在生活中留意，並適時修正自己與他人之間的互動模式，並能善用生活魔術字。

二、傾聽加感受的遊戲——幫助孩子增加傾聽和詮釋的能力，藉此活動讓孩子練習了解別人的感受，了解之後再設身處地為別人著想，以培養孩子對人的真正關心

讓孩子先聽完一段話（由老師或同學來說），再由孩子覆述這段話（增加傾聽和詮釋的能力），並自行添加說話者的感受（練習了解別人的感受，了解之後再設身處地為別人著想）。藉此活動幫助孩子增加傾聽和詮釋的能力，練習設身處地為別人著想；要培養孩子真正關心人，這是個很有效的方法。

三、尊重與接納練習——讓孩子從實際活動中練習接納別人與自己不同，並學著尊重不同的意見

當我們乘坐的「愛之船」翻覆了，船上只有一艘能坐五人的救生艇，你會選擇先救誰？列出最想救的五人並且寫出原因。分享自己完成的工作單（可以互相問問題並試著去說服或改變他人的答案），別人的答案和你一樣嗎？你去說服了誰？你說服成功了嗎？為什麼成功（不成功）？你願意改變自己的答案和別人的

一樣嗎？為什麼？

　　這個活動的目的有兩個：一個是去澄清孩子的價值觀，讓我們有機會能夠了解，對孩子而言什麼是重要的？另一個目的是讓孩子去看到每個人有不同的想法、判斷事情的不同理由，然後學著去尊重每個人的想法，使孩子對事情的接納更多元、更寬廣。

四、同理心練習──讓孩子以具體的行動練習關懷同理別人

　　沒有人能長久扮演「付出者」的角色，否則他會很孤單，就像我們以為聖誕老公公一直從袋子裡拿出禮物來，我們以為他是一百分的付出者，事實上沒有萬能的「聖誕老公公」，因為每個人都帶著不同的「禮物」，既有能力付出也有能力接受。所以我們除了要教孩子照顧自己，也要多鼓勵孩子學著關心別人，讓孩子隨時「可以」而且「願意」伸出付出和接受的雙手（張碧雲，2001）。

伍、壓力的調適

　　主題介紹：孩子的成長過程中，免不了要經歷種種壓力，有的時候孩子有自己面對壓力的方法，但有時一時之間無法自處，此時孩子便會需要我們的協助。其實，壓力本身不是問題，問題在於：我們如何去面對？如何去調適？如何去看待？雖然紓解壓力、面對壓力的方法有很多，但是如果能在壓力來到之前，先做好決定或準備，可以減緩我們所感受到的壓力強度。另外，壓力太大令人不舒服，但適度的壓力卻是我們進步的原動力喔！

　　「壓力調適」的活動設計如下：

一、丟掉非理性想法——幫助孩子了解並同意，自己身上除了正向的感覺以外，還會有負向的感覺，就像晴天、雨天一樣自然；同時了解自己的「非理性想法」，並且能適時的駁斥它

所謂的「非理性想法」是指常見引起情緒困擾以及心理壓力的非理性想法（應該、一定、全部、總是、沒辦法、完了……）。例如：我應該要讓每一個人都非常喜歡我；我應該要把每件事都做得十全十美。駁斥非理性想法（可能、有時候、可惜、很難、有些……）。

每個人輪流抽出一張寫了負向感覺的小紙條。然後舉出自己有這種感覺的例子，思考是否合理？針對不合理的部分，想出可替代的思考方式，並以合理的想法取代它。合理的想法引發正面的情緒與行為反應，不合理的想法導致負向的情緒、行為，並引發各種的心理壓力。如果能轉換我們的想法，就可以減少我們感受到的壓力。當你一再發現改變想法之後，事情不但沒有變糟，還讓自己更積極正向，漸漸地我們才能丟棄我們的非理性想法。畢竟，有想法才會有情緒，也才會產生壓力，如果想要減緩壓力，就一定要改變我們的想法。

二、簡易放鬆練習——幫助孩子快速減壓

當孩子覺得緊張不安時，讓孩子體察自己正在心煩（例如：冒汗、心跳很快），並向內微笑，告訴自己要平靜，提醒自己要控制事情而不是被事情所控制。

每個人都有壓力，孩子也是如此，而且通常孩子們會模仿我們處理壓力的模式，如果我們自己處理的能力很糟，孩子通常也

沒辦法處裡好，所以我們應從自身做起，適時解釋自己的想法與做法，把自己曾經或正從事的困難工作坦白的告訴孩子。此時只要讓孩子知道大人也會遇到困難，也要解決自己的難題，這樣的做法，通常會讓孩子更放心地面對自己的壓力而不抗拒。

三、轉換遊戲——讓孩子了解適當的壓力是我們進步的動力，不要一味地排斥。用比較積極樂觀、比較正向的思考模式可以減緩我們所感受到的壓力。另外，預先讓孩子想像可能發生的情況，可以幫助孩子提前思考與準備，到時候感受到的壓力自然也會減緩

　　說出任何負向的字，讓孩子說出正向的字（例如：我們說醜，孩子回答美；我們說頭髮太長很麻煩，孩子回答長頭髮可以編各種髮型真漂亮）。在我們日常生活中實際練習轉換（例如：當孩子說：「明天就要定期評量，真是令人緊張！」鼓勵孩子轉換為：「考試雖會緊張但可以看出我們學得如何，而且考完試可以痛痛快快的打一場球，我真的很期待呢！」），隨時提醒孩子：「轉換看看喔！」

陸、解決問題的能力

　　主題介紹：有一種能力真的可以讓孩子受用一生，那就是教導孩子如何解決問題及衝突。因為孩子在成長歷程中，會遇到一堆的問題，如果沒有適當的處理，問題可能會愈來愈嚴重，甚至到達無可彌補的地步。我們應在平時培養孩子尋求問題解決的能力，未來孩子自己才有解決問題的能力，甚至有能力去幫助別人

解決問題。

「解決問題的能力」活動設計如下：

一、「問題」是什麼？——幫助孩子了解：問題常常跟我們所看到、所想到的不同，跳脫自己的主觀世界

讓孩子以你說我畫（不得發問）的方式來完成圖畫工作單；接著讓孩子以你說我畫（可以發問）的方式來完成圖畫工作單。討論並比較兩者的不同（比較單向溝通與雙向溝通的異同）。

藉著這個活動，讓孩子了解問題有時候跟我們所看到、所想到的不同，因為問題並非是單一面向，而且每個人不同的角度也使我們所看到、所想到的不同；「衝突」與「誤會」常常是在這種情況下造成的，每個人都不是絕對的錯，但是也沒有人是絕對的對。我們應該要提醒並鼓勵孩子了解這個「相對」而非「絕對」的世界。

二、太陽與烏雲——藉著遊戲的方式，幫助孩子了解快樂與否的決定權在於自己的想法

準備一個火紅太陽和一朵黑色烏雲的大圖片（可用紙箱來製作）。說出一些想法，讓孩子猜測哪些情況會讓自己快樂如陽光一般燦爛？哪些情況會讓自己難過如烏雲一般的灰暗？然後就答案分別躲到太陽或烏雲的圖片下面（也可以試著讓孩子想出正向的解決方法或是負向做法的缺點）。如：小娟被某同學惡作劇之後，一直找機會報復某同學；小銘打破了窗戶，不過因為並沒有人看見，所以小銘決定裝做不知道玻璃破掉這件事是怎麼發生的。

　　一滴有色的顏料滴在清水裡，可以用來說明心中的負向想法會讓我們的整個思考變質走樣，更可怕的是會使我們喪失解決問題的能力，只是一味的生氣、悲傷、難過，陷在情緒的泥淖中而無法自拔，所以了解自己的思考模式格外重要。

三、面對問題——解決問題之前先幫助孩子面對問題，讓孩子了解情況，比爭辯、反擊重要得多，並訓練孩子做個有說服力的人

　　準備「太少」「適度」「過多」的卡片各數張。舉出某些狀況的例子，要孩子以卡片來區分，如果與大人的想法不同，可以給孩子說服我們的機會，但當孩子有對問題混淆不清的情形時，要立刻停下來討論，適時給予價值的澄清與說明。如：一次喝500c.c.的開水；看一整個下午的電視；吃 50 顆蘋果；有人惹我，我立刻去打他……。

　　這個活動幫助孩子對「節制」有初步的認識，如果能讓孩子說出「太多或太少的原因？」「怎麼做才是剛剛好？」則更能收到效果。藉著這個活動，也能幫助孩子明白「分析、了解」比「爭辯、反擊」更好；也就是說，當有人做了或說了你不認同的事情時，你可以選擇「過多」的爭論、反駁，破壞了友誼；也可以選擇「太少」假裝認同，委屈了自己；當然，也可以選擇「適度」的表達，試著分析事情的優劣，這樣不只擁有自己的想法，也保存了友誼。

四、問題解決的結果呈現模式——幫助孩子了解問題解決之後所呈現的幾種模式,並以討論當事人感受的方式,讓孩子在處理問題時,做最適當的考慮與選擇

以發生在孩子身邊的各種例子做說明。「衝突」是人際間必有的現象,也是在人際關係上極特殊的一環,處理得好可以拉近彼此的距離,建立親密關係;處理不得當反而使人形同陌路,彼此仇恨,所以教導孩子面對衝突是很重要的。好的解決策略是需要被教導的(例如輪流、協商……等方式),藉由討論彼此感受的方式,讓孩子能在團體活動中,體察、接納自己及別人的需要,自然而然願意選擇雙方都接受、都受益的模式來解決問題。

五、問題的呈現與感受——以討論或故事呈現的方式,讓孩子看到問題,藉此鼓勵孩子有面對並解決問題的動機及意願

大人敘述一個衝突情境,但不說明因應方法,而讓小朋友由各種不同的角度發表可能的解決方式,並討論在不同的解決方式下彼此的感受與想法。故事舉例:「陳家和李家都是小家庭,他們兩家都恰巧有兩個小孩,但是陳家的孩子沒有規矩、不禮貌,一有事情發生就大吵大鬧;而李家的孩子很有規矩、也很有禮貌,遇到事情發生會想辦法解決或請大人幫忙。」想像一下,假如有一天你要到這兩家作客,你猜你會看到什麼不同的情形?你自己會比較喜歡去哪一家作客?為什麼?

六、抽籤遊戲——以討論的方式讓孩子看到自己的困擾竟有著多
　　種的解決方法，鼓勵孩子有面對問題的勇氣，並能在真正做
　　決定之前，先藉由討論事件的利弊得失而保持冷靜，才不會
　　因為一時衝動而做出後悔的決定

　　讓孩子在小紙條上寫出自己正面臨的問題，然後放進盒子
裡；再由孩子任意抽出，讓大家開始討論紙條的問題，並把解決
方法以及這個方法會引起的結果，分別寫在大紙張的左、右兩
側，最後再投票選出最好的解決方法。

　　相信事情會好轉，並不會給孩子信心；真正能給孩子信心的
是：相信自己能使事情好轉。透過我們不斷的鼓勵與練習，孩子
才能學到適切的解決衝突策略，而能與他人建立良好的互動關
係，成為一個更尊重自己、更體諒他人的人（張碧雲，2001b）。

第四節　情緒教育實踐的有效途徑

壹、青少年期保持高度 EQ 的必要條件

　　處於今日之民主社會，所實施之民主教育者——教師，係影
響學生人格發展的重要他人或顯著他人（the significant others），
要如何營造一個溫馨、安全又舒適的學習情境，乃是教師責無旁
貸的。尤其是教師本身在教學上的言行舉止及處世待人的態度，
在於影響學生的信任感，其影響之身無遠弗屆。是以教師有必要
以身作則，對情緒要做最合宜的處理，期能在身教上樹立一個好

的典範，於無形之中自然地感染給學生，讓學生也能以較平和、合理的情緒面對問題，而解決了問題。

一、富有同理心

同理心就是能從各種訊息察覺他人的感受與需求。這種感性（sensitibility），是一種細膩的感情，個體能夠設身處地，且能感同身受。相反的，缺乏感性者是獨我中心的，周遭別人的切身感覺對他而言，卻無動於衷，無法覺察別人的心理需要，對大自然的變化，這種人也是相當遲鈍麻木，更不用說有「天人合一」的情懷了。因此，這種態度或涵養在各個領域中都扮演著很重要的角色；缺少這種涵養，可能會造成極為可怕的後果，如：心理變態罪犯、性騷擾或強暴者、個性暴戾動輒施暴孩子或家人的所謂「惡爸」等，這種人不但在 EQ 上是一大缺陷，更是在人性上的可悲缺憾。

一個人的同理心先要以「自覺」為基礎，即一個人若能坦承面對自己的情感，則愈能準確地了解別人的感受。有些人若對自己的感覺一無所知，則很難要他去了解周遭的人在想什麼，這種人可謂之為情感上的音盲。他不善解人意，很難與人溝通，別人的言談舉止，他均視若無睹、置若罔聞，這種人的 EQ 一定不及格，人際關係差而沒有朋友。此種能力強者，特別適合於從事醫療、教育、銷售、管理、與服務等方面的工作。因此，從事於教育工作的教師，必須富有「同理心」，才能了解學生，因應學生的需要、能力、興趣與經驗，進行學生能吸收與接受的班級經營工作。若教師愈能「將心比心」，並與學生「心心相印」，則愈能打動學生的心，師生能打成一片的合作無間，不但使教師沒有

常規管理的困擾，且學生能進行快樂的學習，教學品質亦因而提升了。

二、保持樂觀的心態

從EQ的角度來看，樂觀意指面對挫折時，仍堅信自己能突破困境的把情勢轉好。換言之，樂觀是使陷入困境中者，仍有接受挑戰的鬥志，而不致流於冷漠、無力感與沮喪的一種心態。同樣遭遇挫敗，對生性悲觀者，卻難以承受失敗而心灰意冷，甚至沮喪。因此，樂觀者較能激發希望，而悲觀的心態則泯滅了希望。

「希望」的意義不只是樂觀的心態，據美國堪賽薩斯州大學心理學家史耐德（C.R. Snydert）的定義，希望是相信自己具有達成目標的意志力與方法，不管目標是什麼。

樂觀與希望均可從學習中而得，正如絕望與無力感也可能從生活中逐漸養成一樣。其實，樂觀與希望均係建立在心理學家所謂的「能力感」（self-efficacy）上，此能力感就是相信自己是人生的主宰，能夠應付各種挑戰，且愈戰愈勇。史丹福大學心理學教授艾伯特・班度拉（Albert Bandura）認為：「能力感強者縱然跌倒了，絕不依賴他人扶持，而很快地自行爬起來再往前走，及遇困難總是著眼於如何處理，而非一味地擔憂與求助。」

史耐德的研究亦發現，影響「智能相當者」的學業或事業的主要因素是心態是否樂觀，而因樂觀者往往會制定較高的目標，並知道如何努力去達成。

因此，教師必須對自己持有能力感與希望等樂觀的心態，則在整個人生的旅途上均較為順暢，而較少在教學上出現沮喪、焦慮或情感不適應等問題。

三、秉持自主性自律的精神

所謂自主性自律意指人在所能擁有之自由度下，自我角色之合理運作。自我角色之運作包括自我理解、自我反省與自我實現等三種功能，此三種功能之運作成效往往受到人所擁有自由的多寡所限。通常，自由受到限制的情況不同，其所形成之自主性類型，約可歸納為下列三種，接對其自主性自律有不同的影響，茲依次說明如下。

第一種類型稱之為「乏自主性」者：此種類型的人雖然其自我意識很想發揮功能，但卻礙於情境所限，而有「人在江湖，身不由己」，或「巧婦難為無米之炊」的感嘆，此即自我功能受到所處情境限制之寫照。這類型者不是自己之主人，凡事不能為自己作主，而成為乏自主性的人，即不能稱其為具自主性自律者。

第二種類型稱為「半自主性」者：此類型的人往往遇事未具開放之心胸，我執甚深，總習慣於運用某種固定的方式或思考方式解決問題，而不易接受其他多元之思考或行事方式。如做事一成不變，一律只求目的而不擇手段，或遇事只以數學邏輯推論，而不願或不能兼容並顧各種不同之方法或原則。此類型者看似理性，卻易走入理性之死胡同中而難以自拔。

第三種類型被稱為「全自主性」者：此類型的人在思考與做事上雖可能符合理性原則，但最後所考慮的並不在理性，而係以自我內在之覺知為依歸。這種類型者雖較前二者更認識自己，也很清楚自己所處之環境，但其未必完全依照社會之角色期望而行事或做決定，亦即一切權威並不對其判斷與決定發生任何作用而改變。換句話說，這類型者凡事敢作敢當，他自己總知道「自己

到底要什麼，自己到底在做些什麼」。

　　處於今日這一個高度資訊化、知識爆增、思想多元、價值混淆的社會中，預期在這樣的社會中角色扮演成功，則必須能迅速統整資訊，批判思考，進而創造革新。但是，目前國內各級學校教育，正如美國芝加哥大學布魯姆在其《美國人閉鎖的心靈》一書中所指：教育只給了學生一些知識，卻缺乏思考和道德訓練。因此，如何培養具有國際觀，能獨立批判、思考與運作，且創造力強的學生，乃是當今教育要努力的方向。

四、具有人文主義教育的理念與素養

　　所謂人文主義教育意指人性化的教育；即每一個人均為自己命運的主宰者，因此必須對自己的行為負責，且相信人性有向善的潛能，可以透過知、情、意一體的教育（即統合教育），之歷程加以塑造，以實現人生之價值。

　　當代人文主義教育思想之崛起，乃是針對六十年代主智主義的一種反動，欲藉人文主義教育的改革運動，來改造非人性化的教育，以培育學生健全的人格發展。我國近年來亦深受此影響，相繼展開一些有關人性化教育的措施，如：田園教學、開放教育、森林小學、毛毛蟲親子學苑、幼稚園創造思考教學、完全學習教育、教學及評量改進等。其目的就是想藉此自由與人文學習環境之設計，塑造人性化、良好師生關係之氣氛，以培養學生健全的自我概念，主動又快樂的學習，進而自我成長與自我實現。

　　基於非干預式班級經營模式係建立在人文主義哲學與人文主義心理學之理論基礎上；而當代人文主義教育思想，在教育目的上係確立教人成「人」，亦即教導學生了解人之所以為人之道

理，以發揚人性與發揮「民胞物與」之精神（to teach the learners to be human and humane）。因此，預期達成理想的班級經營，則教師應該具有正確的人文主義教育信念，不但了解教學目標乃在培育學生統整的人格，使其知、情、意均能和諧的發展；並且在教學方法上，強調學生自行探究和發現，而採彈性與多元化的教學活動，並重視質及自我的評量；更有責任感的，負起下列任務：

㈠佈置具有挑戰、自由、尊重、溫暖、控制及成功等氣氛之人文學習環境。

㈡扮演催化或促進者、輔導者、診斷者及資料提供者之角色。

㈢具備真誠、贊許、接納、信任、擬情的了解之人文素養。

期能協助學生進行有意義的學習，進而達成「促進青少年自我實現」的人文主義教育理想。

貳、落實情緒教育的有效途徑

由於學校基本功能的實現，常需於家庭與社區有關成員的價值觀念改變後，始能有成；且學校教育之職責，通常亦需家庭與社區予以積極的支持與配合，方亦達成目的。可見，學校與家庭、社區的關係之密切與相輔相成。因而，學校欲落實情緒教育，則除了要正視此一事實之外，更應推動彼此的交流；即以學校為核心，全力主動的進行下列三個具體有效的途徑：積極改善教導方式、加強推展親職教育與充分運用社區資源，讓學校、家庭及社區相互結合，提供學生較佳的生活與學習情境，進而促進教育理想——「培養與提升學生 EQ 程度」的達成，亦即落實了學校的情緒教育。茲此三個具體有效的途徑，分別扼要說明如次。

一、積極改善教導方式

　　由於世界潮流的衝擊，加上資訊時代的來臨，教師「教導方式」的突破係勢在必行。反觀目前學校教師關於班級之常規經營或管理的現況是一大隱憂，根據有關研究均指出，國小教師在班級經營的各層面中，以「班級常規」層面的經營效能為最低，僅達中、低程度（孫志麟，1991；施慧敏，1994；盧富美，1996）。再從施慧敏（1994）的調查結果發現，國小教師班級常規管理之現況呈現「常規管理重於教學」的趨勢，而少有「教學以達常規管理」的現象。換言之，一般教師教學行為往往較多於關注學生「學」的部分，例如巡視學生的學習情形、習慣於採用「負向控制」（打罵、責備、嘲笑）方式來管教學生的行為等，結果導致學生出現負向情緒，例如憤怒、敵意、焦慮、厭煩、緊張、缺乏信心、自卑、徬徨等；同時，也相繼出現退縮、逃避、自暴自棄、攻擊等偏差行為來。在在都讓人為學生的情緒智慧（EQ）及學習品質而擔憂。

　　至於屬於教師之「教」的部分，一般教師往往較少於關注而易於忽略，例如所安排或提供的教育情境至否營造出輕鬆、和諧、與友善的學習氣氛、所準備與運用的教學資源是否能激起學生的興趣而提高學習成效、課前教學計畫的設計與執行是否合乎學生的需求而能順利地達到預期的教學目標、教學內容是否既清晰又有調理且具有挑戰性、發問技巧是否能激發學生的思考而樂於發表、教學中是否創造了成功的學習經驗而讓學生陶醉在無失敗的學習中、是否一視同仁的對待學生、且兼顧個別差異的彈性期望和要求等。這種「輕教學而重常規管理」的教導方式，中外

有關研究均指出，容易造成教學內容如規則逐一傳遞而缺乏挑戰性、師生間呈現緊張甚至敵對關係、有礙學生身心健康、減少師生彼此互動的正面影響、扼制學生潛能的適當發揮機會、為處理少數學生的違規行為而置全班於不顧或中斷教學或增加遲滯時間等現象，其結果使教學一直處於趕進度中，因而無法有效地使用教學時間，相對的也減少學生的學習機會，此對學生的學習效果當然會有負面的影響，自然而然的也無法達到班級常規管理的重要功能——「提升教學品質」。

二、加強推展親職教育

在孩子成長的過程中，影響其成長的重要他人，除了學校中的老師之外，尚包括家庭中的父母。但處在今日，任何人從事任何行業，幾乎均需「執照」，唯有「當父母」這項工作，直到現在尚例外，父母似乎被認定天生就能勝任的角色；然而事實上並非如此，有許多父母在教養孩子上往往心有餘而力不足。再加上在高度工業化的今天，由於家庭結構的改變，單親、雙薪的小家庭在日增的趨勢下，父母長時間的在外工作而已經沒有太多時間來維繫良好的親子關係，家庭生活呈現著忙碌、緊張與混亂，正在成長中的兒童，極易受到缺少愛的家庭問題之影響，使兒童必需自求多福或當鑰匙兒或當電視兒童了。

從上述可知，父母或因能力不足或因忙於工作而沒有時間適當的教養孩子，使之無法勝任、愉快地扮演父母角色。譬如很多父母只知道提供孩子充分的物質享受，卻不知如何幫助孩子成長；通常不是嚴厲的打罵管教，就是放任不管；若不是照顧不周，就是過度寵愛。由於家長的疏於管教或管教觀念偏差，極易

造就出只知依賴別人而缺乏獨立的溫室花朵，常常帶給教師在班級常規上的頗多困擾。因此，學校行政有必要加強實施親職教育，可藉由座談、演講、義工家長的參與、發行專刊、舉辦成長團體、設立諮詢專線等方式，鼓勵家長積極參與學校活動，進一步向其提供與宣導，在順應時代潮流與調整變遷中的家庭角色上一些正確的管教理念與方法，並可藉此與其溝通教師在班級常規管理上的理念與做法，以取得共識、支持與配合。期盼家長從參加親職教育團體中，能找出合宜的教育子女之道，以創造出民主時代中的和樂家庭，讓「家」仍是人類最溫馨與美滿的避風港。

三、充分運用社區資源

由於「學校」自身的資源有限，若能配合教育的需要而充分運用社區資源，將有助於校務運作，與促進教育目標的達成。

社區可供學校運用的資源約含有天然、組織、文化、人力、財力等五大類。其可供學校運用的情況分別為：就天然資源而言，學校可安排露營或遠足、旅行等自強活動讓師生欣賞社區天然景觀，以舒暢身心；就組織資源而言，學校可依需要而適度運用社區組織的服務與設備（如文化中心、圖書館），以擴展學生的學習經驗；就文化資源而言，學校可以社區的歷史與發展為素材，編選鄉土教材；就人力資源而言，學校可組織義工制度，以解決學校在人力上不足之問題；就財力資源而言，學校可請社區人士慷慨解囊，以充實學校設備而有利於教學。社區此五大類資源，不論有形抑或無形，均可運用於學校的教學活動中，惟從調查結果發現，目前學校在運用社區資源上，有偏重於人力資源的趨勢，對於組織與文化兩種資源的運用較不普遍而有待加強（張

幸愉，1994）。

　　至於學校運用社區資源的方式，則可遵循下列幾個可行策略：

㈠利用社區資源實施校外教學：社區裡或有景色優美的自然景觀，或有展覽活動豐富的博物館、文化中心，或有學習資料豐富的圖書館，或有造型獨特的優雅建築，這些資源均可透過校外教學的方式妥善地利用之。例如到社區名勝古蹟旅行、參觀社區設施、借用社區機構的軟硬體設備與服務、利用社區場地辦理露營活動、訪問社區各行各業機構等。

㈡請家長配合與協助學校教育的進行：家長是執行家庭教育的重要人物，因此，孩子放學或假日時間，家長必須在家輔導孩子的生活常規與家庭課業，且主動參與學校舉辦的各項活動，或參與學校決策的制定，或到校演講，或擔任教師住哩，或協助編輯教材，或參與學校績效的評鑑等。

㈢請社區有關人士參與學校教育工作：社區中具有服務熱忱且關心教育的人士，學校可請他們參與學校教育工作，如請學有專長者到校演講或協助教學、請牙醫教導兒童如何保護牙齒、請社區田徑國手擔任兒童田徑隊教練、請具有教師資格者應學校需要到校擔任代課老師、請熱心教育人士擔任學校義工等均為例證。

㈣請社區捐助經費與設備：學校在有必要時，可請社區人士捐助、捐贈經費與設備，以解決學校經費不足問題，使教學活動便於進行。

㈤善加利用學校家長會組織或社區內組織與機構所提供諮詢、協助的功能：學校可優先利用家長會組織的功能，鼓勵家長會協

助辦理學校各項活動，且捐助經費與設備；或在必要時，運用
社區內組織與機構所提供的諮詢、協助的功能，如：村里民組
織、議會、其他文教機構等，均為學校可善加利用的一些社區
內組織與機構。

㈥編撰「社區的風俗文物」為鄉土教材：為培養學生熱愛鄉土的
情懷，學校可商請社區父老與學者，協助學校蒐集當地社區內
的文化資源，如：鄉土民情、風俗文物及人物誌等相關資料，
並編撰為「鄉土教材」，一則可用以輔助教學，二則有利於學
生更深入地了解自己成長的生活環境。

　　從學校運用社區資源的幾個可遵循的途徑觀之，顯示運用社
區資源確可達到下列幾項教育目的：⑴提升關懷與熱愛鄉土的精
神；⑵透過社區的文化資源以建立與發展學校特色；⑶協助學校
解決經費不足問題，使教學順暢進行；⑷擴展學生的空間與經
驗；⑸協助學校與家長及社區建立良好關係；⑹教學生動活潑，
增進了學生學習的興趣。換言之，社區資源的妥善利用，對於學
生而言，或能達到上述之教育目的、減輕學校的一些壓力及協助
學校校務推行之順利，以實現教育與生活相融的目標。

　　上述此種學校、家庭與社區之完全一致的相互配合，具有非
凡的意義，這使得學校、家庭與社會的距離大為縮短，學生在校
所接受的情緒教育，不致於在離開學校後即全部還給學校，而能
在實際生活體驗中一再獲得印證與強化（盧富美，1998）。

問題討論

❶在目前台灣的教育制度中，各級學校（幼稚園、中小學及大學）情

緒教育推動的情況如何？成效如何？

❷請討論青少年保持高度 EQ 的必要條件，並說明青少年如何有效培
養這些條件？

❸本章第三節所列舉有關情緒教育六個教學活動設計中，您認為哪一
個最容易做到？哪一個最難做到？理由何在？

❹如果將來您身為幼稚園小朋友的家長（爸爸或媽媽），您將如何實
踐情緒教育？

參考文獻

王財印（2000）**國民中學學生情緒智力、生活適應與學業成就關係之
研究**。國立高雄師範大學教育學系博士論文，未出版。

鄭美俐（2001）**淺談情緒教育**。台灣教育。

張庭枝（2003）嬰幼兒情緒教育。**蒙特梭利，45**，2003.2。

單偉儒口述，劉又榮整理（2003）讓情緒變聰明，**蒙特梭利雙月刊，
46**，2003.4。

魏麗敏（1997）幼兒情緒教育內涵與策略。**幼教資訊，35**。

吳耀明（1998）如何提升兒童情緒智力。**師友**，1998.11。

張碧雲（2001a）小學生的必修課題（中）──談道德教育與情緒教
育。**師友**，2001.1。

張碧雲（2001b）小學生的必修課題（下）──談道德教育與情緒教
育。**師友**，2001.2。

盧富美（1998）落實情緒教育有效途徑。**教師之友，38 卷，1**。

Chapter 7
壓力調適

「晴_{時多雲偶陣雨」「人逢喜事精神爽」但「不如意事十之八九」又該如何？}

　　常言道：「山不轉路轉，路不轉人轉，你不轉我轉！」所謂「山窮水盡疑無路，柳暗花明又一村」，壓力來的時候你如何因應呢？

🔲 第一節　壓力的調適各有不同

　　「人生不如意，十之八九」，遇到挫折、失意、壓力時，如何自處？與之共舞、逃之夭夭或視而不見，泰山壓頂面不改色，或壓力面臨來個急轉彎呢？

　　欲有效管理壓力之道，首先清楚自己對壓力的了解、詮釋與反應。個體對外在環境事件反應（壓力源）的認知是經由理解、

評估與回應，才產生壓力。

　　壓力經由個體注意、接受、反應之後才產生，他人是無法對你「加諸」壓力的，除非是當事者對他人或外在環境對你施加「刺激」，有所反應或個人認為自己無法承擔時，壓力才會發生。因此對壓力的適應關鍵在於，個人對於事件或情境的掌控能力如何？若能掌控外在的客觀情境或能控制自己的內在心境，即表示能控制壓力。

壹、壓力的調適各有不同

　　對壓力的反應有的是「立即反應」，有的是「審慎評估自己與情境」，有的是「千回百轉，重新再出發」，有的是「逆來順受，視若無睹」。無論如何，這說明個人對於壓力的處理與調適巧妙各有不同。研究結果顯示，能有效抵抗壓力的人須具備的四個原則為（林文傑，2005）：

一、正面地看待問題，視為是一種挑戰。

二、有很明確的個人目標。

三、經營一種踏實的生活方式，包括規律的有氧運動和放鬆的方
　　法。

四、和他人融洽相處，建立良好的人際關係。

　　壓力的覺察能力與一個人的個性息息相關，有的人心思細如絲，有的個性粗線條神經線大又粗，審慎體察自己承受壓力的範圍與幅度，能客觀評估情境，冷靜、理性、彈性、正向思維面對壓力，是最好的因應方式，但人是感性、充滿豐富情感的個體，面對壓力時應如何自處？

貳、改變對壓力的思維

一、窮則變變則通

　　窮則變變則通，山不轉路轉，路不轉人轉，你不轉我轉，所謂「山窮水盡疑無路，柳暗花明又一村」。

　　「人生成功的定義，自己找；人生快樂，自己詮釋；千萬不要迷失在別人的看法中」。因為活在別人的看法中，常常是我們自己生活壓力的來源。

　　「價值觀，就是我們對事物好與壞、對與錯的看法，我們覺得好的、對的、重要的、應該的，都代表了我們的價值觀，因人而異，繫於一念之間」。壓力的產生也往往繫在：自己的「能與不能」成就一件事情的「行與不行」繫在一念之間。

　　「在對人、對事，如果能儘量選擇朝愉悅的方向去思考，就會愈來愈感到愉悅與滿足」。

二、接受無法改變的事實與現狀

　　心境反映情境，情境影響一個人的心情；常聽到一個人的「滿意全寫在臉上」，這顯示一個人的心境全部顯現在臉部表情，為使自己心情愉悅自在的方法是：改變可以改變的自己，對於無法改變的事情與情境，較妥善的方式是改變自己的想法，以接受無法改變的事實與狀況，因為「我不能改變情境但我卻能改變自己的心境」，改變心境的同時，也改變自己的想法與態度。

三、與壓力共存共榮

「接受失敗，從錯誤中學習歷練與成長」是指一個人能對壓力有正面積極的評估，簡言之，壓力係指需要個體動員能量適應外來事件或解決外在問題。任何事情或問題都可能帶來個人心理壓力。

四、善待壓力創造希望，化壓力為動力，化危機為轉機

「凡事不可失望，絕望處生希望」，對自己人生充滿信心與企圖心的人，不易為失敗打垮。人最怕失望而絕望。絕望者禁不起困境的挑戰，悲觀者不戰而退，樂觀者積極進取，讓自己充滿彈性與自信心，「不入虎穴，焉得虎子」，做事持以「明知山有虎，偏向虎山行」的氣魄接受嚴峻難題挑戰。

五、適應壓力的妙方

壓力與每一個人的生活息息相關，適度的壓力是生活的佐料、調味品。

《新聞週刊》專文提供紓解壓力十個妙方：保持幽默、靜思、找答案找靈感、經常做運動、喝咖啡適量、逃回家裡或朋友處、分散責任、和老闆理論辭職（石詠琦，2002）。

調適壓力妙方如下：

㈠轉移注意力休息一下。

㈡轉念：以正向思維重組對情境的認識包括：

　1.焦點移至自己的優點與長處。

　2.從壓力中學習磨練。

　　3.在壓力情境中尋求契機。

　　4.往正面思考嘗試改變。

㈢迅速面對問題並且果斷解決問題。

㈣找人傾訴尋得社會支持。

㈤藉助宗教信仰的支持力量。

㈥培養適當個人嗜好與休閒活動。

回 第二節　壓力調適的策略

　　面臨挫折與壓力調適的方式，策略包括改變生活型態、調整我們的環境與放鬆訓練，茲說明如下（賴保禎、張利中、周文欽、張德聰、劉嘉年，1999）：

壹、壓力調適的策略

一、改變我們生活型態

　　壓力是無所不在，常常成為生活的一部分，如何培養高度的壓力容忍度，改變生活步調，學習控制苦惱的思維，尋求解決問題的技能、求助於社會支持，是面對壓力的調適方法。

二、 調整環境

　　面臨負面的壓力源來自具體客觀的環境時，以調整環境來調適壓力是策略之一，可以當機立斷去面對並以合理的可行方法處

理之，以不傷害他人權利和需求為前提，表達自己的權利和需求，或以妥協、協商、折衝方式處理壓力問題。

三、運用放鬆訓練

運用肌肉放鬆法、深呼吸法與想像法。肌肉放鬆法、深呼吸法詳述於後。

想像法是以最舒服的姿勢坐著或躺著之後閉上眼睛，想像最美好與最愉悅的情境，例如想像你在綠油油的的田野漫步或在清澈溪水旁嬉戲，欣賞優美的風景、微風吹來沁心入骨，⋯⋯經此神遊，煩惱一掃而空。

□ 第三節　時間管理

我們常聽到，「上帝最公平的是給每一個人每天二十四小時的時間」，如何應用時間，何以要做好時間管理？何謂「時間管理」？如何做好時間管理？

由於時代的變遷，資訊科技時代的來臨，忙、茫、盲的工作與休閒生活意識的抬頭，在追求婚姻家庭事業成就的完美生活中，如何有效地規劃時間，依輕重緩急優先順利妥善分配安排管理時間，以提升工作效率與生活品質，是現代人必須學習的功課。

在不當的時間管理與決定之下導致下列狀況：

1.匆忙緊張。

2.做決定時優柔寡斷。

3.做一些瑣事以致疲憊不堪或不能休息。

4.做事經常拖延。

5.沒有時間休息與他人建立關係。

6.注意繁文縟節以致常做些自己不想做的事情。

壹、時間管理的意義

所謂「時間管理」係指將所擁有的時間資源，做充分有效的應用，在時間管理歷程中期望投入最少的資源，獲得最大利益，或能掌握時效運籌帷幄，以達成預期目標（吳宗立，2000）。因此，時間管理是個人對預期設定目標，依據優先順序、輕重緩急，妥善分配時間，把握時機，有效管控及運用時間資源達成既定目標的自我要求自我管理的過程。

貳、時間管理的具體做法

有效的時間管理策略，簡言之：「出外靠同事，在家靠親人」、「依目標及優先順序規劃時間」。詳細說明如下：

一、先設定優先順序

先訂出自己的生命及生活的具體目標，並寫出自己中長期發展方向：

「例如我的生命目標，在個人、家庭、社會、專業之成就為何？」

「未來的三年具體目標是什麼？」「半年內生活目標是什

麼？」列出優先順序。

二、決定哪些事不要做

時間管理是先做最重要的及最緊急的，那些不重要不緊急的事可暫時擱置，延後辦理，此時必須明瞭你能力限制，懂得什麼時候說：「不！」以表現你責任能力的範圍，展示什麼是你願意做，且做得到的。知道自己的能力範圍與限制，能清楚意識到什麼時刻該明確說出「不」字，此時你已掌握自己展現實力的時機，也是你不會輕易讓事情超過你所能控制的範圍，而徒增你的壓力。

三、工作流程的安排，訂一些短期的目標，然後找出優先順序擬定工作項目

當天該做的事應在上班前或前一天擬定。目標一旦清楚了，找出第一順位。這表示你要如何運用你的時間，來有效地達成目標。時間管理係對事情的重要性加以規劃安排。

㈠重要而且緊急：高目標有高度影響，需要立刻完成。

㈡重要但不緊急：高目標有高度影響，但可以稍緩。

㈢緊急但不重要：對目標沒有或極少的影響，但可以稍緩。

㈣忙碌的工作：既不緊急也不重要，但會讓你覺得你已經完成某
　事了——通常是你為了要避開其他的工作而完成的。

㈤浪費時間：積極努力的結果是一事無成。

依個人價值觀，輕重緩急設定時間表以對抗壓力，為了能使時間有效的安排，若能事先安排每天的工作流程，將該天內該做的事列出，再依輕重緩急決定順序，以收事半功倍之效，依工作

性質委託他人代勞：將工作分為「只有自己能做」和「別人也能做」。如果將只有自己能做的事委託他人，或將別人也能做的事攬來自己處理，易失誤也缺乏效率。

四、加強時間管理的技巧

有一位壓力專家說，時間管理並不是有關如何將許多事填進你一天的時間中。相反地，它是有關於最有效地利用你的時間來達到你個人的目標。因此，時間管理的恰當，有助於降低壓力的困擾。

五、不要拖延

拖延有生產力的任務，不但會增加壓力，而且也會引出充滿壓力的罪惡感、憤怒和低自尊心等的副作用。我們為了很多不同的理由而拖延；害怕成功或失敗，害怕一旦計畫完成所造成的分離感，害怕批評，害怕權威。一旦你已經確定出你拖延的經驗時刻，那麼改變你的習慣，將任務分成一小部分，然後就每一個部分分配出順序以及期限，也可以達到紓壓的效果。

六、規劃生活作息，依計畫表執行

列出一張每天你希望完成事項的時間作業表，將會幫助你對你的時間表變得更為實際、有效率，並且提醒你不要忘記想做的事。藉著將事情列出，也可除去你腦中的想法而解決掉壓力，這樣會幫助你改善在有壓力的人身上很常見到的「心理負荷或心理超載」。因為將事情列出，能夠幫助降低腦中雜亂思緒所造成的緊張程度。

七、安排休息時間

試著從你的壓力中找出一些可以釋放或者喘息的機會,將有助於調整你的身心反應,達到釋放壓力的效果。

八、彈性中機警應付突發的事情

很多生活中所發生的事,是我們無法控制的,如果你讓壓力延伸到你內在資源的極限,那你可能會缺乏所需的恢復能力,來適應意料之外的幸或不幸事件。

九、將文件資料組織化

時間緊迫時我們常覺得千頭萬緒,不知從何著手,一旦資料龐雜便有力不從心導致事半功倍。將文件資料組織化便是提升工作效率的好方法,方法有三(藍采風,2003):

㈠將工作場所或書房分區。

㈡以書架抽屜將資料加以分類,並以標籤註明。

㈢向紙張挑戰(在整體不要的資料時,自問:「如果將此紙張丟棄會有什結果」)。

綜合前述時間管理可分為五部曲:

㈠分析:分析自己的個性與興趣、了解個人、社會、家庭的關係。

㈡調整心態:從自己的心情、外表與所處的環境開始調整。

㈢設定目標:寫下設定目標,經常思考與檢討,尋求良師益友建議,訂下完成期限。

㈣計畫:計畫執行時間進度表。

㈤行動：包括從清理桌子、檔案管理、名片整理等開始。

🗋 第四節　工作、休閒與健康飲食

壹、工作與休閒的平衡

　　工作與休閒是人生的兩端天秤，他們佔去我們生活中的三分之二，個人在工作中獲得「團體隸屬感」、「社會尊榮感」、「個人理想抱負的展現」，在工作中不斷自我成長，在豐沛的人際關係中累積一個聲望，在職場中展現一個人的專長、興趣、性向與能力達到自我成就，在獲得個人成就與社會地位時必須付出相當的工作代價，時間、精力、體力；在付出心力專心投注職場拚工作績效，體力精力消耗時，必須有適當的休閒娛樂作為生活的調劑，作為生活的調味品與滋養品。

　　「工作的時候全力以赴」，但在工作之後，「放下工作重擔，卸下工作外衣，盡情歡唱拾回年輕的活力」，在有效的時間管理原則下，兼顧工作與休閒，生活樂趣無窮，壓力一掃而空。

　　月有陰晴圓缺，人有旦夕禍福，生活無常，壓力時時常會出現在身邊：

　　「面對挫敗，接受壓力是人生必修的學分，除了勇敢面對它、接受它、調適、處理解決它，別無他途。」

　　「完善生涯規劃，包括：繽紛生活路、快樂工作路、豐富學習路」。

　　「繽紛生活路，包括：職場生活、休閒生活、人際關係、時

間管理、消費理財。」

「快樂工作路包括：善盡職責，紓解壓力、精益求精、工作豐富、尋找樂趣、追求創新。」（江文雄，2005）

工作與休閒是個人生活必要元素，如何兩者兼得？不要因為過度的工作累壞了身體，適度的休閒提供工作的原動力與潤滑劑。

貳、壓力與健康飲食

壓力是我們將個人的欲求加諸身體與心理上的反應，正面壓力成為生活的動力，鞭策個人力爭上游邁向成功之路，但負面壓力令人情緒困擾、心神不安甚至憂鬱生病，因此與壓力共生，甚至控制壓力與壓力並，存攝取食物是健康的第一要務。全方位的飲食營養包括：(1)洞察促進營養的動機；(2)尊重自己的身材；(3)細嚼慢嚥，注意飲食量與進食時間；(4)餓時才吃，吃飽時就停止；(5)誠實揭開自己的飲食歷史；(6)詳實記錄飲食內容；(7)審視文化背景後再決定飲食計畫；(8)與家人共同擬定菜單；(9)停止節食；(10)與體重和平共存；(11)不要在意胖瘦，應注意身材勻稱；(12)檢查體脂肪指數；(13)再訓練你的眼睛；(14)健康的飲食：定時定量、避免食用精緻及加工過的食物 ；(15)增加身體的代謝作用。

了解前述全方位健康飲食營養步驟後，進一步擬定減壓的健康食譜。

一、可避免的食物

應避免或應減少的食物，如巧克力、可口可樂、紅肉（牛

肉）、肥肉、甜點、零食、加工麵粉類食品。

二、可供選擇的食品

　　新鮮水果、新鮮蔬菜、茶、瘦肉、魚、雞、全麥食品、水、低脂或脫脂乳類食品。

三、提升身體免疫力以面對壓力

　　根據美國《預防》雜誌的報導，可以減壓並提升人體免疫力簡易妙方：⑴好好睡一覺；⑵每天運動 30 分鐘；⑶按摩使身體放鬆，減少壓力荷爾蒙；⑷補充維他命 C，每天 200 毫克；⑸維他命 E，每天 200 國際單位；⑹每天喝酒不要超過一杯；⑺開懷大笑，笑可以減少壓力荷爾蒙；⑻每天花 5 分鐘做白日夢，每天 5 分鐘；⑼相信自己：樂觀的態度讓免疫系統維持最佳戰況，在面對壓力大的情形時特別重要；⑽每天花 20 分鐘寫日記寫出心靈的不快；⑾信仰讓身體更健康。

四、預防壓力食譜舉例

早餐：1 杯酸乳，3 匙麥片，半條香蕉（或蛋），香腸一條、半個鬆餅。

中餐：火雞肉、番茄、生菜、三明治或烤雞肉，烤馬鈴薯及沙拉。

晚餐：5 杯麵條，1.5 盎司蔬菜，1 盎司雞肉或 1 個烤馬鈴薯，1 盎司火雞肉／半杯佐料，1 杯菠菜，1 杯草莓及 1 杯紅酒。
　　　（藍采風，2003：198-201）

第五節　肌肉放鬆的練習

依據醫學研究，肌肉放鬆會減少生理壓力，減低脈搏跳動速度及血壓，也可減少出汗及呼吸次數。當你熟練肌肉放鬆時，可以作為抵抗壓力的良藥。茲將適用狀況、熟練時間、方法與步驟說明如下：

壹、適用狀況

肌肉的逐步放鬆對於下列症狀有良好的治療效果：肌肉緊張、焦慮、失眠、沮喪、疲倦、腸敏感、肌肉痙攣、頸部及背部疼痛、高血壓、輕度的恐懼和口吃。

貳、放鬆方法與步驟

一、先了解人的四個主要肌肉群：⑴手掌、手腕、手臂；⑵頭、臉、喉及肩，特別是前額、兩頰、鼻、眼、顎、唇、舌及頸；情緒對人體的影響常落在此區；⑶胸、胃、背；⑷腿、臀、小腿及腳。

二、練習肌肉放鬆先躺下來，或在一張可以支撐頭部的椅子上。拉住每一肌肉或肌肉群約 5 秒鐘，然後放鬆 20 秒鐘，重複做一次後，若仍很緊繃，可以練習五次，在放鬆過程說：「我要放鬆」「放開一切，我覺得很安詳平靜」，一旦熟悉可閉

上眼睛，一次只針對一肌肉群來放鬆。

三、以頭部運動說明：

　　㈠頭部儘量向後並觀察到頸部的緊張狀態。

　　㈡頭部右轉感受到緊張再轉至左邊。

　　㈢將頭部往下壓至下巴壓至胸部，感受喉嚨與頸部的緊張。

　　㈣放鬆，頭部回到一個舒服的狀態，讓鬆弛更深入。

　　㈤聳肩，頭陷入兩肩維持緊張狀態。

　　㈥放鬆肩部，讓他們下垂，並感受頸部喉嚨及肩部的放鬆。

四、以腿、臀、小腿及腳為例說明之：

　　㈠緊縮臀部及大腿。

　　㈡向下彎曲腳趾，拉緊小腿，緊張再放鬆。

　　㈢腳指向臉部彎曲，使外脛呈緊張狀態，再放鬆，鬆弛更深
　　　入時，整個下半身感受到蔓延的沉重感。

　　㈣放鬆足踝小腿外脛膝大腿及臀部，然後將放鬆延伸到胃
　　　部、下背部及胸部，然後擴散到肩膀手臂及雙手經歷到深
　　　入的放鬆。（江復明、楊豐華、何坤龍、鄭芬姬，2004）

第六節　冥想與自我催眠

壹、冥想

一、冥想的意涵

　　冥想是什麼？冥想係指個體停止知性和理性的大腦皮質作

用，而使自律神經呈現活絡狀態。簡言之，就是停止意識對外的一切活動，而達到「忘我」的一種心靈自律行為。這是指個人在意識清醒狀態下，讓潛意識的活動更加敏銳與活躍，進而與另一種領域的宇宙意識波動相連接。藉由冥想開啟右腦的人，能夠自由自在地使用宇宙的資訊與構想。

　　冥想原本是宗教活動中的一種修心行為，如禪修、瑜伽、氣功等，現已廣泛地運用在心靈活動的課程中。例如：一個人欣賞一部喜歡的電影、聽聽最喜歡的音樂（古典、爵士）或是興奮的計畫自己的未來，都可以算是冥想的方式。冥想可使得新皮質熟睡，藉由舊皮質的功能，提高我們潛在意識的力量。為了進入冥想狀態，以任何能使身心感覺舒適的方法，使全身的肌肉、細胞，以及血液循環等作用都緩慢下來。

　　什麼是催眠？催眠指的是一種意識狀態，身體放鬆而舒服，心智則專注而深入。它是日常生活中在醒眠之間會經歷多次的一種心理狀態。你也可以藉由精巧合乎心智流程的自然步驟，進入潛意識層面，它能帶來改變，是因為讓「有意識的心」充分休息，而直接深入潛意識取得有用的資訊甚或經驗改造。活動中我們僅僅靠著話語和簡單的肢體引導，來帶領人們進入催眠狀態。

　　催眠是一種與內在潛意識溝通的過程。人具有無限的潛能，但是我們所能知覺到的和表現的都只是冰山一角，若我們懂得與潛意識對話，去開發水面下那廣大的冰山領域，無疑是找到通往無限豐裕寶庫的路徑，對個人潛能的開發，智慧的提升，身心的健康，乃至人際關係事業的拓展都有莫大的助益。

二、冥想與身心健康的關係

　　冥想有益於健康，其原因，張天鈞（2005）認為：「……現代人生活充滿壓力，疲倦、焦慮、憂鬱。解決問題的方法，就是『靜坐冥想』。這是因為我們的中樞神經系統會影響交感神經系統和免疫系統，遇到壓力時會讓交感神經素上升，就會使心臟血管疾病容易產生。而影響到免疫系統和壓力荷爾蒙，就容易導致皮膚及許多其他器官疾病的發生，進而影響健康。靜坐可以藉由中樞神經系統的平靜，而讓免疫系統正常和減少壓力荷爾蒙……」。

　　根據醫學研究，人在 20 分鐘的靜坐冥想以後，心跳、呼吸速率、血壓、氧氣的消耗、二氧化碳的製造和血清乳酸的量都會減少，他稱這種現象為「放鬆效果」。

　　「靜坐」與「冥想」，就是放鬆冥想，係藉由肉體的完全放鬆與精神的集中，能讓宇宙能量進入你的體內，於是放鬆冥想之後，就像充電一般，再度充滿了活力！

　　放鬆冥想的要點是：肉體的完全放鬆與精神的集中，在肉體完全放鬆後，若精神不濟，則易分心或睡著。因此，過度疲倦時，暫時無法放鬆冥想，先去睡一覺，睡飽再說！此外，若體內有負能量，也無法集中精神，易分心！

三、冥想的方法

㈠準備事項

　　1.暫時將所有的事務擱在一旁，引導自己到一種旅遊之放鬆心

情。

2. 伸展全身的筋骨，至少三次，讓氣血順暢，更易放鬆自我。

3. 躺著或舒服地坐著，先做三個深呼吸，然後慢慢地引導自我放鬆。

4. 練習時間：約十五至二十分鐘。

5. 練習時可播放悅耳、柔和的音樂。

(二)**步驟**

1. 眼睛向上看眼瞼、眉毛、額頭、頭皮（約 8 秒），慢慢閉上眼睛，然後深呼吸，吸氣吸到滿時，摒住呼吸 3 秒鐘，然後吐氣，眼睛保持閉著，讓眼睛放鬆，讓身體放鬆，想像全身的力氣都蒸發掉了，身體、雙手及雙腳的力氣都蒸發掉了。

2. 想像全身輕飄飄的，身體飄浮起來，飄浮在一大朵安全、舒適的白雲裡，同時也感覺全身軟綿綿了，覺得非常舒服，非常輕鬆，自覺進入了深沉的放鬆狀態。

3. 想像宇宙的能量由頭部進入自己的身體，籠罩自己的額頭，感覺有一股暖流進入自己的額頭，籠罩自己的眼睛、鼻子、嘴巴，整個頭部都充滿了這股暖流，自覺更加放鬆。

4. 往下擴散到頸部、肩膀、雙手，白色的光使頸部、肩膀、雙手都溫暖了起來，而更加放鬆。

5. 進入胸腔，入肺部與心臟，感覺肺部與心臟都溫暖了起來，隨著血液循環，擴散到全身，感覺擴散到的部位都溫暖了起來，依序由上背部、下背部、腹部、腰部、臀部、骨盆腔、雙腿、雙腳都充滿白色的光，也依序地溫暖了起來。此時，全身的每個細胞都充滿白色的光，所有的緊張壓力完全消

失。

6.現在，全身都籠罩著宇宙的能量，讓全身的肌肉、神經、皮膚完全放鬆，你愈來愈放鬆，愈來愈平靜，愈來愈舒服，這時候自覺進入了深沉的潛能狀態。

7.自行從十倒數到一，數到一的時候，自己就進入了潛能狀態（如搭電梯往下降，降至最底層）。

8.在潛能狀態下，自己可以靜靜地什麼都不想，此時的境況最佳，是一種無念無想的狀態，可以淨化自我，想像白色的光（即宇宙的能量）不斷地進入體內，不斷地吸收補充能量，並開啟無限的潛能與智慧。

㈢冥想時注意事項

1.最好選擇精神狀況良好且無外界干擾的時段，通常是早上剛起床時，練習的效果較佳。若不行，則退而求其次利用午休時段。

2.如欲探索病症、人際關係或其他問題的癥結，請由可信任的專業人員幫你（妳）引導到深度的潛能狀態去探索。

3.冷氣或電風扇的風向，勿直對人體，尤其是後腦及膝蓋，因該二部位極易遭受風寒入侵，而引起感冒。

4.練習時，四肢會有酥麻或沉重感，乃正常現象；而剛練習時，偶有頭暈或頭部麻麻、脹脹的感覺，在身體方面也有癢、顫動或熱感，此乃因氣的聚集或運行，亦屬正常現象。

5.除上述諸現象外，若感覺任何不適，隨時可以停止練習，張大眼睛完全清醒過來。

6.練習完畢，若能按摩全身，則身體更健康。

㈣冥想的要領

冥想的過程中，必須拋開一切事務，集中精神，利用想像力來放鬆自己。最好能將上述自我放鬆冥想的步驟，以較低的音調緩慢柔和地唸誦，再配合悅耳、柔和的音樂，同時錄音下來，自己錄製成放鬆冥想的錄音帶。初步練習放鬆冥想時，最好配合放鬆冥想的錄音帶或 CD，比較容易進入狀況。如果你的想像力或專注力不夠，更應藉著錄音帶或CD不斷地練習予以加強，期能進入狀況。

如果使用放鬆冥想的錄音帶或CD練習一段時間之後，你已熟悉放鬆的步驟時，即可不必依賴錄音帶或CD來練習，獨自可以放鬆自我，進入狀況。只要你處於安全而放心的環境下，隨時都可以練習放鬆冥想。

藉由放鬆冥想而達到潛能狀態，雖然會感覺四肢沉重、酥麻或輕飄飄，但仍可以自我控制一切狀況。此時會覺得自己的表意識彷彿暫時脫離了肉體的限制，心靈是自由自在的，沒有時間與空間的限制，進而可以超越時空。如同處於催眠或靜坐狀態之際，當人們處於潛能狀態時，均可呈現高度的 α 腦波，顯示大腦正處於放鬆又專注的狀態。

貳、自我催眠

一、催眠顯現的情形

催眠只不過是進入介於清醒與熟睡之間狀態，處於催眠狀態

中精神與生理大致會顯現下列情形：

㈠眼睛緊閉。

㈡身體全然鬆弛呼吸舒緩。

㈢對周遭事物毫無所覺。

㈣對自己的基本生理運作如脈搏呼吸頻率仍然有所感覺。

㈤感覺的功能擴張。

㈥仍然保有與人對話的能力但稍慢些。

二、催眠的好處

㈠催眠是一種手段，藉由催眠術打開通往潛意識的大門，其好處是如經由催眠可以找出個人不良習慣形成的原因，進而革除不良習性。

㈡催眠可以減輕疼痛，並且延緩不治之疾惡化的時間。

㈢催眠可以改變飲食習慣幫助戒煙、戒酒等惡習。

㈣如果容易沮喪，催眠可以幫助找出消極心理的真正原因，重建積極的生活態度。

㈤就精神層面催眠可以探究個人的心靈深處，找出缺乏自信的根本原因，使自己勇敢面對人生的挑戰。

三、催眠的步驟

㈠準備階段

　　一台錄音機、一卷錄音帶、一張舒適的床。

㈡錄音內容如

　　1.我全身鬆弛，閉上眼睛，讓思緒在我心靈裡自由進出……

2. 我已全然鬆弛渾身暖意彷彿漂浮在半空中，我將睡去，幾分鐘內我就會入睡，但我仍聽到……

3. 我身無一物心卻澄明。當我醒來我覺得舒暢，我將完成計畫中的目標，將保持身心的健康……

4. 幾分鐘之內我將醒來，我會覺得非常美好。

5. 數到三，就會醒來，全身活力盎然，一二三我醒來覺得很棒。

(三)舒適的環境

自我催眠時最好選擇一個安靜的、舒適的場所，遠離電視機，室溫調到最舒適的溫度。完全放鬆自己，施行幾次的吐納，放鬆肌肉，腦子內儘量想些令人愉快的事情（吳由美，1995；褚耐安，1996）。

(四)練習步驟

勤於練習自我催眠如同運動習慣一樣，步驟如下：

1. 點燃一支蠟燭擺在眼前，盯著蠟燭直到覺得眼皮沉重，同時口中說著：我的眼皮很沉重我盯著火焰我的眼皮愈來愈沉重。幾分鐘後緊緊閉上眼睛，然後對自己說：「現在我覺得很輕鬆。」

2. 放鬆身體的其他部分，由頭頂開始直到腳趾，然後張開眼睛。運用腹部呼吸眼睛盯著燭火……。整個人全心全意專注於眼前的燭火。然後由二十數到一，想像自己正步下階梯……。慢慢你已經控制自己的身體。

3. 自己暗示有一隻手愈來愈冰冷，彷彿握住一個冰袋，冰冷的

感覺，慢慢練習熟能生巧，就有冰冷刺痛的感覺。

4. 直接與你的左手對話，告訴左手說：「左手你現在毫無重量，是在空中漂浮，就像一片羽毛一樣輕盈……」重複這些句子持續幾分鐘指示左手慢慢向上舉起，像一片羽毛，輕若無物，愈抬愈高。現在讓手臂回到原來位置張開眼睛，深呼吸。

㈤夢醒時刻

在催眠整個過程個人是隨時清醒的，催眠完後彷彿經過青春之泉的洗禮，整個人脫胎換骨（褚耐安，1996）。

問題討論

❶壓力調適的策略有哪些？

❷何謂時間管理？

❸時間管理的具體策略有哪些？

❹自我練習身體的放鬆。

❺自我練習冥想。

參考書目

石詠琦（2002）**放開自己**。台北：智慧。

江文雄（2005）生涯規劃 100 訣。**商業教育季刊**，**95**，37-42 。

江復明、楊豐華、何坤龍、鄭芬姬編著（2004）**人際關係與協商**，頁 65-79。台北：空中大學。

吳由美譯（1995）羅勃法格（Robert Farago）著。**催眠自我療法**。台
　　北：世茂。

吳宗立（2000）**學校行政決策**。高雄：麗文。

林文傑譯（2005）**如何做好壓力調適，增進身心健康**。2005 年 5 月 18
　　日取自：http://www.psychpark.org/psy/adjust.asp

張小鳳（1991）**壓力終結者：如何消除緊張焦慮與憂鬱手冊**。台北：
　　自立晚報。

張天鈞（2005）**自我放鬆與冥想（自我催眠）**。2005 年 6 月 21 日取
　　自：http://www.akr.idv.tw/akr.files/relax.htm#01。

褚耐安譯（1996）克里斯古佛雷（Christian H. Godefroy）著。**超級健
　　康**。台北：希代。

賴保禎、張利中、周文欽、張德聰、劉嘉年（1999）**健康心理學**。台
　　北：空中大學。

劉儀譯（1998）Anna Wise 著。**潛能總開關**。台北：方智。

謝佳雯（2003）學校領導者的時間管理。**學校行政雙月刊，24**，43-54。

藍采風（2000）**壓力與適應**。台北：幼獅。

藍采風（2003）**全方位壓力管理**。台北：幼獅。

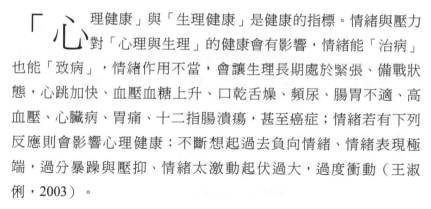

Chapter 8

健康人生

「心理健康」與「生理健康」是健康的指標。情緒與壓力對「心理與生理」的健康會有影響，情緒能「治病」也能「致病」，情緒作用不當，會讓生理長期處於緊張、備戰狀態，心跳加快、血壓血糖上升、口乾舌燥、頻尿、腸胃不適、高血壓、心臟病、胃痛、十二指腸潰瘍，甚至癌症；情緒若有下列反應則會影響心理健康：不斷想起過去負向情緒、情緒表現極端，過分暴躁與壓抑、情緒太激動起伏過大，過度衝動（王淑俐，2003）。

　　壓力與許多身體疾病有關，包括頭痛、傳染病（流行性感冒）、心臟血管疾病、糖尿病、氣喘和類風濕性關節炎、憂鬱症、焦慮症（游恆山譯，2002）。總而言之，壓力太大或負向情緒太多會引發循環系統、肌肉骨骼系統、消化系統、呼吸系統、神經系統、免疫系統等之病變，而對人體健康造成重大傷害。

　　朱敬先教授指出：健康是「身體的、心理的（精神）以及社

會的安寧狀態」。傳統的觀念認為分開的「身」與「心」，實際上在機體的運作上是相關的，朱敬先引述權威性的精神醫學參考手冊《心理失常診療與統計手冊》（*The Diagnostic and Statistical Manual of Mental Disorders,* DSM-III），直接列舉「心理生理失常」（psychophysiological disorders），以取代「心理因素影響生理狀況」。新的觀點認為心理因素可以影響任何情況，非僅限於「心身性疾病」（psychosomatic illness），身與心已被當作「心身一體」（mind-body unity），也就是說我們所經歷的心理事件（psychological events）（如悲哀、憂傷），其實也是生理事件（physical events）（如感冒），而生理事件（如感冒）也會影響我們心理與情緒生活，身心彼此不分（朱敬先，1992）。

> 如：感冒→頭暈→身體不適→心情不好→胸悶→胃口不好→吃不
> 　　下→血糖下降→全身無力→懶散→情緒不穩→抵抗力低→容
> 　　易感冒→頭暈→身體不適→心情不好→胸悶→胃口不好……

可見身體不適會影響情緒，久病者暴躁易怒，心情不好時食慾和生活作息都會受影響。又如果一個人產生憂慮，憂慮造成緊張，影響胃部神經系統，改變胃液分泌引起胃潰瘍，可見身心兩者相互影響。因此健康是指「生理」「心理」都健康，而不是僅指「沒有疾病」而已（洪昭光，2002）。

春山茂雄指出當人類生氣緊張時，腦內會分泌去甲腎上腺素；在感覺恐怖時，會分泌腎上腺素，這些物質都是有毒的（春山茂雄，1996）。

心理健康目標是要徹底做到心理疾病的預防，俗說：「預防勝於治療」；每個人都要嘗試著去培養心理抵抗力、增強個人與

環境保持和諧關係的適應力，不管面對什麼環境都要試著去適應，因為我們根本無法預知我們會遇到什麼環境。如果遇到的是我們期待中的環境，當然可以順利度過，因為我們有了準備；萬一是出乎意料外的情形發生，我們也要學習與「不期」的環境相處，畢竟人生的「無常」是多過於「有常」。「無常」的發生會產生許多情緒和過度壓力，如：驚訝、憂慮、憤怒、悲傷、難過、痛苦、頭痛、痠痛、精神萎靡不振、憂鬱等，此時維持情緒的穩定與壓力的調適才可能有利於身心的健康。

丹尼爾·高曼認為負向情緒與習慣，對個人身心健康的危害絕不亞於抽煙致癌（張美惠，1996），負向情緒可分成「建設性」的負向情緒與「非建設性」的負向情緒，「非建設性的負向情緒」會讓人「懷憂喪志」。舉個例來說：假如擔心期末考如果不通過，則會被當，被當就有可能被退學，被退學是非常糟糕的事，不但丟臉且無顏見「江東父老」，於是，每天擔心飯也吃不下、覺也睡不好、憂心忡忡無所事事，這就是「非建設性的負向情緒」。

擔心期末考如果不通過，則會被當，被當就會有可能被退學，被退學是非常糟糕的事，所以唯一能做的事是「即刻努力」，如果我現在努力可能還有通過的機會，所以要好好拿起書本來集中精神專心一致準備，這就是「建設性的負向情緒」。「建設性的負向情緒」會激勵個體朝向目標前進，而「非建設性的負向情緒」則會阻礙個體使無法達成目標。

在人的心理結構中，理性是一種特殊的需求，人想要去了解他所處世界，將之意義化，這種追求的主要目的是在建構穩定、有理性、能指引行動和判斷的心理空間，不能將其心理世界意義

化的人通常是精神失常的人，愈是心理健康的人，其心理世界中意義的結構應愈完整調和，而這完整調和的心理空間是他判斷和行為的支撐架構（但昭偉，2002）。本文第一章緒論第二節「理性與感性」中作者曾引述宗教大師的觀點，強調「理性與感性」調和的重要性，也就是說一個健康的人是能「理性與感性」調和的，並能在「生理與心理」的需求上維持平衡發展的狀態。

　　總而言之，要謀求生理與心理的平衡及理性與感性的調和，個人可以透過下列策略達成：

第一節　妥適處理情緒與壓力

　　情緒常是主觀經驗的、是會改變的、是與事實不太一致的，有時你發完脾氣，才覺得根本沒那麼嚴重。所以如果能做到下列各項，你就是一個能做情緒主人的人。

一、覺察自己的情緒，利用情緒覺察分析表（如表 8-1），詳細了解情緒產生的過程，在不同過程中，愈了解自己的感受就愈容易管理情緒。

二、接納自己的情緒，當情緒來時勇敢地接納它，感受它，允許情緒適切地抒發，不壓抑、不放縱。

三、合宜的認知評價，不做非理性的思考（一定、應該、必然），儘量往光明面及正向方向思考。相忍求全並非退縮。殘缺是生命的本質也是世間的實相，了解殘缺、欣賞殘缺、運用殘缺、轉化殘缺，殘缺就是美（星雲，1995）。

表 8-1 情緒覺察分析表

分析項目	分析內容	處理方式
我現在有何種情緒？ （What）	情緒類別 情緒強度與嚴重度 是否使用防衛機轉 情緒對自己健康產生的影響 情緒對家庭的影響 情緒對生活與工作產生的影響	真實感受、體會、面對、分辨、說出自己情緒 接納情緒 掌握情緒
何以我有這種感覺？ （Why）	環境分析 情境分析 思考分析 生理狀態分析	環境觀察與改善 冷靜與客觀分析情境 接受智者與旁觀者之分析
我如何有效處理？ （How）	過去處理方式與成敗 新的處理方式 周圍與社會相關資源	心情抒發 生理、環境、運動 改變認知或行為 求助專家

資料來源：李選（2003），53 頁。

四、有利的心理歸因，經常給自己支持性的鼓勵，找出撫平情緒有利的方法。突如其來的挫折逆境，正可以考驗我們的氣度，豐富我們的內涵；無謂的謾罵、無情的批評，正可以訓練我們的耐力與容忍度。

五、預想行為的後果，分析情緒發洩後的結果並檢討其利弊與得失。考慮可能發生的最壞情況、想辦法接受它、再謀求改善，千萬別逞一時之快，否則常惹來一世的悲哀。有許多人在憤怒中蹂躪自己的生活，因為他們拒絕接受最壞的狀況拒絕改善，不去重建自己卻浸淫在痛苦中不斷與事實抗爭形成

憂鬱。

六、延緩需求的滿足，想想是否非此刻得到不可，得到了會如何？得不到又如何呢？要知道有時是「塞翁失馬、焉知非福」，想想徐志摩的「得之我幸，得不到我命」！

七、轉念，逆向思考，退一步海闊天空，忍一時風平浪靜。農夫種田看似後退，其實是向前，集中意念就可有奇蹟出現。有一次有人請張忠謀董事長幫忙寫對聯，董事長寫著「常想一二，不念八九」，意思是：人生不如意事十有八九，常想不如意的事會帶給自己不愉快的經驗，轉個念就更好，因為決定人的成敗非為八九而是一二。

八、自我鼓勵：運用心靈自我鼓勵，經常微笑改變命運，樂觀積極詮釋周遭訊息（CDI=Can Do It），進行思想投資、突破心理障礙、把心力放在解決問題上而不是問題本身。愛就是惜，學會愛惜自己。要有這種認知：別人比你地位高，他的壓力必定比你大；別人比你有錢，他的風險一定比你大。

九、心理平衡：不想過去輝煌的事也不要憂慮過去的煩惱事、不看別人現在比自己在位時更愜意，那是人家的本事，他命好、要腳踏實地經營今天，享受今天，算算你擁有的資源福報和恩惠、積極策畫展望未來創造生命另一個高峰。過去種種不如意總會過去，只要盡人事聽天命就好，一切盡其在我，「水可覆舟，也可載舟」，「人無百日紅，花無百日香」。

在此要與各位分享一則故事：有一位碩士，家裡窮，非常想要有一間自己的房子，因此拚命地賺錢，終於存了三十萬，準備買房子；他因為人長得不高，相貌平平，三十幾歲才結婚，但是

太太很漂亮，夫妻兩人感情很好，他從來不曾大聲對太太說話，他把那辛苦存的三十萬交給太太保管，囑咐太太好好保管，因為那是他們唯一的財產。太太因為太在意所以幾乎都隨身攜帶，有一天，太太皮包被偷，那唯一的三十萬也不見了，這時太太很緊張，心想：「我把我們好幾年的積蓄給丟了，真糟糕，我若不被先生打死，也會被休了，怎麼辦？」非常緊張、焦慮，於是放聲大哭，打電話給先生，告訴他事情的經過；他先生聽到了，還以為太太在跟他開玩笑，說：「不要開玩笑，命可以不要，錢可不能沒有」，太太聽了很認真地再說一次，這下先生可火了，「妳說什麼，再說一次！」聽完，就把電話掛斷。先生氣得火冒三丈，臉部的表情就像要殺人的樣子，全身發熱，心跳加快、血脈沸騰、頭腦一片空白，人呆在那，等他回神，到廁所去洗把臉，突然間，他抬頭看見鏡子裡的那個人，非常恐怖，自己都嚇一跳，心想：「我如果那麼生氣回去，必會和太太吵架，好不容易才娶到一位賢慧的太太，如果因為這樣鬧離婚，豈不是受到二度傷害嗎？可是我的朋友們都知道我們要買房子，現在房子買不成，怎麼辦？我得好好想一想。」

　　太太在家裡愈想愈著急，內心非常愧疚，恨不得跳樓謝罪。她把先生最心愛的東西放在進門的地方，心想：如果先生想拿東西砸我，看到他心愛的東西，他就不忍心砸下去；另外，她準備椅墊，如果先生要打她時，可以拿來檔。這時，電話響起，先生打電話回來，聲音及音調感覺得出來還在生氣，說道：「換好衣服等我。」太太一面換衣服一面想：「我就知道，一定是要帶我到律師那裡辦離婚手續，我該怎麼辦？」腳步聲刺進太太的心，又難過又恐懼，勉強撐著，但已經看準那一塊椅墊，準備接招。

奇怪！先生並沒砸東西，也沒打她，只是很大聲說：「來，跟我走！」太太想要當面致歉，但先生的表情實在太恐怖了，她不敢說，心裡像熱鍋螞蟻在爬，怎麼定得下心呢？

不一會兒，來到一家餐廳，太太想為什麼要到餐廳呢？這時先生的朋友們都在，太太想：「一定是要當朋友的面，把我休掉的。」等大家坐好，先生站起來說：「各位，我今天有很重要的事要宣佈。」太太想：「我就知道，他要當眾休掉我。」先生接著說：「你們大家都知道我們存了錢，要買房子，可是，情況有了變化，因為我太太今天早上遇到一位癌症末期的老人，好可憐，急需那筆錢，太太把錢給了她，我特別向大家宣佈，我們暫時無法買房子。但是我相信，只要我們夫妻同心協力、同甘共苦，過不了多久，我們又會存有足夠的錢可以買房子。」這時太太已感動得眼淚「大珠小珠落玉盤」。先生的智慧化解了一場危機，這種 EQ 並不是人人可以做到的。

情緒與壓力若持續存在達到一段時間，除了藥物控制外，可試試下列方法也有不錯的效果（孫達明，2005）：

一、有氧鍛鍊：包括跑步、騎腳踏車、散步、游泳等，能提高心跳率、促進血液循環，每週 3-5 次，每次至少 20 分鐘。

二、顏色：一位心理學家說「顏色是心理的營養素，就像維生素是人的營養素一樣」，他介紹了幾種鼓舞情緒的方法：

(1)要使人不易怒、不煩躁，最好避開紅色。

(2)要抵禦憂鬱，不要穿黑色或深藍色。

(3)要減輕焦慮和緊張，柔和顏色像天藍色較佳。

三、音樂：先聽與自己心情一樣的音樂，再逐漸改變曲子，找到可以使你滿意的曲子。

四、食物：適量的碳水化合物，是鎮定和放鬆的精神介質（約42.5 克）。

五、日光浴：冬天戶外活動尤佳，夏天要注意預防晒傷。

六、睡眠：睡眠能消除疲勞，減輕壓力，使心情好轉。

🔲 第二節　自我肯定

　　一個能自我肯定的人是最具有自我價值的人，他能理性客觀肯定自己的所做所為，能了解自己的特點與弱點並坦然接受、能尊重他人，允許別人有與自己同等的權利、不壓抑自己的意見，能公開大方表白、具有自信心與自主性、決策和判斷是理性與客觀的。

　　理情治療大師 Ellis 指出，不合理的信念會影響一個人的自我肯定，而造成身心不健康，不合理的信念有（李選，2003）：

一、要求自己十全十美，不得有任何差錯發生。

二、要求自己獲得每一個人的讚賞與喜歡。

三、認為說出心中真實的感受會對自己不利。

四、過去發生的事情會影響自己一生，且將決定自己的將來。

五、要求每件事均依自己所期待或喜歡的方式發生。

六、自認無法改變自己的個性。

七、自認逃避問題比面對問題容易。

八、自認無法控制自己的憂慮與煩惱。

　　這些不合理的信念或想法是造成個體負向情緒的主要來源，而連帶會影響健康，若能了解分析自己的思考模式中有以上的信

念,加以澄清與克服,對心理健康很有助益。

我們常有這樣的經驗,當我們遇到困難與障礙時,馬上對自己的能力與價值產生懷疑與否定,這時容易感到挫折感,因此我們平常就要努力尋求和建立自我肯定的態度,培養和訓練「自我肯定」,常常提醒自己,要會欣賞自己的優點、接納自己的缺點與弱點,想想自己對家人、朋友、同儕的協助、幫忙或貢獻,想想自己所做過的善事,哪怕是撿一張紙屑、移走玻璃碎片等,均可讓自己擁有價值感而獲得自我肯定。

🔲 第三節　正向的思考及正向語言

春山茂雄在其著作《腦內革命》中曾指出,如果能用正面思考去對應事物,身體即會分泌一種荷爾蒙,會保持年輕、擊敗癌細胞,使人的情緒舒暢(春山茂雄,1996)。

使用任何一個字詞,會立刻引導出一個相對的心向,使用正向的語言帶出正面心向,使用負面的語言,帶出負向的心向。例如一個爛掉一角的水梨,用正向思考的話,我們會認為只壞掉一點,「幸好」大半是好的,還是可以吃;若使用負向的思考,則會認為這個水梨爛了一角「真是糟糕」、這麼貴的東西讓它爛掉「真是不應該」,於是開始指責、歸罪於人引起一場不必要的事端。

正向思考在生活中非常重要,它是力量的泉源,是自我支持的力量,也是自我鼓勵最佳的良方。俗語說得好:「再多錢也買不到一隻馬仔(台語)即(早知道就好)」,因此我們要轉化為

「幸好（好佳在——台語）」，這種因為語言的轉化而帶動心境的轉變，是生活中的智慧。另一個例子，即是生活中充滿了「負向與否定」的語言，如：我們常常叫人「不要做這……，不要做那……」，假設我們改變一種方式來說：「請你這麼做……，請你那麼做……」，會給予正向肯定的指引與期待，就容易產生正向與肯定的行為。當我們要我們的孩子們「不要吵」時，我們給的是否定負向的指示，換一個方式，告訴孩子們請「安靜」，這時我們期待著「安靜」行為的出現，通常較容易達成，這就是「比馬龍效應」。

在情緒與壓力的情境中，如能應用正向的思考及正向語言，則常會鼓勵個體有積極正向肯定的行為出現。舉一些例子來說明。

一、遇有人批評自己時：要想想對方用心來批評我們，我們應該懷著感恩的心「感謝批評」，因為他的批評使我知道我的缺點，才有機會改進，以求更臻完美，所以要感恩。而且本來每個人都有優缺點，是不完美的，接受批評本來就是應該的。記得有一次寒山問拾得：「有人罵我、辱我、損我、毀我，我該怎麼辦？」答曰：「由他、忍他、讓他、看他怎麼樣？」用這種胸襟來面對批評，心情自然輕鬆愉快。

二、遇有人激怒自己時：想想對方的用意，無非是讓我們生氣，惱怒，這時我們要思考的是：「他對我的重要性如何？」「值不值得我花精神去理會他呢？」要知道當生氣時，身體會分泌出影響健康的有害物質，又有人說，生氣時就像在樹下放一個正在燃燒的火爐，愈生氣表示火愈大，請評估一下，這棵樹是否耐得住爐火的燻烤，再決定是否要生氣。也

有人認為，不要小看我，就憑你三言兩語就要激怒我，太小看我了，要知道我不是「泛泛的小溪或小河」，微風輕吹就被激起浪花，我是「大海」要激起我的浪花，除非是「狂風大作」或是「海嘯」，否則不會讓我跟著起舞，我不會「拿別人的錯誤來懲罰自己」。

如此一來心情自然平靜，正向思考真的很神奇！

▣ 第四節　善用情緒與壓力

情緒可以豐富人生，活化生命，使人生多姿多彩、光輝燦爛；適度的壓力可激發人類潛能；如果我們能善用情緒和壓力則可以使工作順利、學業進步，感情生活無往不利。

情緒是動機性的，它會激勵個體積極進取達成既定目標，情緒也會促使個人自我實現、情緒更會鼓勵人勇往直前、突破難關，化險為夷，以求生存。

大家都有觀看比賽的經驗吧！大大小小的比賽參賽者多少都可以感受到緊張的情緒與得獎的壓力。有情緒壓力並不可怕，怕的是無法妥善利用而讓它坐大，影響比賽的結果。最近（2005 年7 月 2 日）溫布頓網球賽決賽時，看到大威廉和戴文波爭奪冠亞軍，球賽非常精彩，互相破了對方的發球局，先馳得點的人並不一定是最後的得勝者。比賽過程變化多端，球是圓的，沒打到最後，就斷定誰勝誰負，是很不可靠的。選手們在面臨關鍵時刻如：局點、破發點、deuce、雙發失誤、過多的非受迫性失誤、界外等壓力愈來愈大，有經驗的人、心理成熟度高的人，較會穩住

情緒、紓解壓力，而表現出超乎人類極限的好成績，令人拍案叫絕。當選手們成功或表現傑出、打一個好球、發一個 ace 球、擊敗對方時，常會大吼一聲壯壯自己聲勢、或做出激勵自己的手勢，借力使力，緩和情緒和壓力，瞬間轉化成力量；假如無法利用或轉化情緒，因為緊張全身肌肉緊繃，手腳不聽使喚，頻頻出錯、造成惡性循環。人生也一樣，正像一場場的競賽，善於利用情緒與壓力者，就能像球場上的大將，具有雖千萬人吾往矣的氣勢與勇氣，締造人生的勝利。

　　當我們有了正向情緒時，儘量表白，讓周遭的人能共沾愉快、喜樂的氛圍；我們要善用自己或他人處於正向情緒時，去從事協調溝通事情，時時思考如何創造有利於人際互動的正向情緒，並儘量維持正向情緒，常保有好心情，以利生活上細節的打點。

　　假設我們的情緒是不利的或負向的，因而造成困擾時，適切運用心理防衛機轉，可讓我們轉化情緒、化阻力為助力、化危機為契機。表 8-2 是當我們遇到情緒困擾時，可供參考使用的策略：

表 8-2　個體化解情緒困擾常使用的防衛機轉

防禦機轉類別	定義	情緒困擾	範例	使用後成效
壓抑作用	潛意識將情緒隱藏內心深處或由意識層面去除	悲傷憤怒焦慮	親人過世，但環境迫使須儘快恢復正常作息，而以忙碌工作將悲傷感暫時埋藏內心壓抑對主管的憤怒，採被動性順從	耗費極大能量，影響生理功能，影響注意力集中對現況之覺察力

（下頁續）

（續上頁）

投射作用	將潛意識中不被接受的衝動情緒，歸咎於他人，自己無需承擔責任以維持自己完美形象	憎恨 無助 生氣 羞愧 罪惡感	譴責同伴不夠盡力與成熟，是造成失敗的主因。「我未生氣，生氣的是妳！」「我不恨他，是他在恨我！」	喪失自我成長機會 喪失溝通機會 喪失真誠感 影響團隊和諧
否認作用	否認負向情緒存在，以減輕現實對自己造成的威脅	憤怒 哀傷	否認對朋友的憤怒，以維持友誼表相「他是我的好友，絕不會出賣我！」 喪女之父母，保持房內擺設不變，持續否認失去此孩子	不敢面對真相 阻礙自我成長 破壞人際和諧
合理化作用	以自己與社會所能接納的方式解釋自己的情緒，以減低情緒困擾	哀傷 憤怒 焦慮	「我打你，是因為你讓我生氣！」 「我焦慮，是因為妳未給我安全感！」 「我生氣，是因為這件事不公平」	為自己的情緒找藉口，降低對情感的敏感度，降低人際關係之真誠
轉移作用	將負向的情緒轉移到他人或物品	憤怒 悲傷 羞愧	被主管責罵的父親將憤怒轉移至孩子 被父親責罵的孩子將不滿牽怒小狗 少女將羞愧感轉移到報復男友之父母	遷怒、報復及無辜、縱火、破壞物品、傷人

（下頁續）

（續上頁）

| 昇華作用 | 將挫折的情緒，以社會認可之方式表達，或改變原有之衝動轉向其他管道發洩 | 孤寂攻擊悲傷焦慮 | 將孤寂感轉向從事社會公益活動；或將憤怒感轉向運動或比賽將悲傷感轉向繪畫或音樂等藝術活動將焦慮感轉向幽默或自我解嘲 | 潛能開發以健康方式釋放所壓抑之能量，促進社會和諧 |

資料來源：李選（2003），頁52。

第五節　生活更快樂

　　高高興興快快樂樂過一天，哭哭啼啼愁眉苦臉也過一天，何不設法讓我們每天都能快快樂樂的生活呢？快樂是人生的終極目標，能誠實善待自己就會怡然自得，過去的快樂讓它成為今天快樂的基礎，並且發展將來更快樂的基石，不再庸人自擾，拒絕杞人憂天。我們要勇於發抒壓抑的感受、清理消極問題，發展出積極思考模式，降低期望水準，緩慢衝刺腳步。快樂要從小地方做起，不是完成大事情才快樂，而是要快樂去完成一件事情，如高高興興觀賞一張心愛的照片或圖畫，聽一聽音樂，打個電話與老友聊聊天都是很快樂的事。講求生活藝術，生活的快樂不在其奢華程度而在於溫馨的感覺，經常啟用善念，多愛自己一點，自我暗示、轉移不利不愉快的刺激而遠離它，時常大笑，有人說：一笑「煩惱跑」、二笑「怒氣消」、三笑「憾事了」、四笑「病魔逃」、五笑「永不老」、六笑「樂消遙」、時常開口笑、壽比老

彭高，洪昭光的「天天微笑容顏俏、七八分飽人不老、相逢莫問留春術、淡薄寧靜比藥好」。真是道盡健康的奧秘。

□ 第六節　建立支持系統

　　人的情感是非常脆弱的，過度高興與快樂會讓人的行為失控，所以才說「樂極生悲」；過於憂慮、悲哀，也同樣會影響行為，所謂「懷憂喪志」就是這種描繪，當人陷在情緒的泥淖中，極需有支持系統的鼓勵與拉拔，以協助個體平穩渡過「情緒的波動期」。

　　一個人在無助、孤獨、壓力大的時候，很需要朋友的協助和幫忙、需要有人陪伴，需要有人很客觀、超然給予分析與詮釋，以導正非理性的思考及不切實際的舉動。還記得兩隻熊的故事，「患難見真交」（A friend in need is a friend indeed.），當一個人失去權勢、地位或資源時，才真正可以看出人性，這時真正關心你的人才是真正的朋友；時下有許多人太現實，「錦上添花易，雪中送炭難」，　只有在危急存亡的關頭，才能真正看出高超的人格。平時我們如果能用心經營人際關係，在必要時，較易建立有利的支持系統。

　　所謂支持系統指個體面對壓力與情緒困擾時，能適時獲得周遭親友、子女、同儕等提供之金錢、物質、勞力、資訊、建議、指引，或感情上的傾聽、撫慰等，有助於壓力與情緒的舒緩機制。

　　支持系統可分為家庭支持系統、學校支持系統和社會支持系

統等。家庭支持系統係由家人組成，包括父母、子女、兄弟姊妹，及其他家人等；學校支持系統包括校長、導師、教官、任課教師、認輔老師、輔導老師、行政人員、同儕及家長會成員等；社會支持系統則包括警政單位、醫護機關、慈善機構、宗教團體、心理諮詢中心、生命線、張老師、社教單位、友校，及其他可提供人力與物力資源的單位與個人。希望每個人當有需要的時候，都能毫不猶豫的尋找支持系統，同時也能勇於提供資源來協助有需要的人，讓我們都能享受「施比受更有福」的快樂感，都能成為別人生命中的「貴人」。

第七節　自我實現

　　Maslow（1970）認為能自我實現的人比較可以改變或轉化心境，能接納自己的情緒、了解他人的情緒及所處的真實世界，不受外在文化和環境的影響、能不斷以新奇視野來欣賞與體驗人生，有成熟的情緒與理性感性兼具的特質，常常能將自己的潛能發揮到極致，「不以物喜、不以己悲」，自主性高彈性大，能做情緒的主人。

　　曾經有人說：「人生的幸福不在日子的多少。而在確確實實的擁有。」情緒障礙的人，對生命缺乏熱情、對未來感到茫然、對自己沒有信心、缺乏解決問題的能力，影響到生活的滿意度和工作成就感。情緒成熟、能調適壓力的人，他們的 EQ 比較高，在人生的各領域上大多佔有優勢，對生活的滿意度亦較高，而不是成天怨天尤人、自怨自艾，這些高情緒修為者，面對其生活的挫

折、衝突、矛盾時忍受程度與解決能力也較優，滿意度高。

　　小結：以上七種策略是可以謀求生理與心理的平衡，及理性與感性的調和；可以調和心理及身體的健康，達到健康人生、豐富心靈的人生目標。

問題討論

❶請問健康的定義為何？

❷請分享「正向思考」的例子？

❸請問一個能「自我實現」的人有什麼特質？

❹請問您是否曾使用過「心理防衛機轉」？效果如何？

❺如何透過情緒處理與壓力調適達到健康的人生理想？

參考書目

王淑俐（2003）**情緒管理——祝你健康快樂**。台北：全華。

朱敬先（1992）**健康心理學，心理衛生**，台北：五南。

李選（2003）**情緒護理**。台北：五南。

李坤崇（1988）馬斯洛自我實現理論及其實徵性研究之探討。**輔導月刊，24**（4,5），15-39。台北：教育部訓委會。

但昭偉（2002）**道德教育——理論、實踐與限制**。台北：五南。

洪昭光（2002）**生活方式與身心健康**。2002 年 5 月 21 日在中國大陸中南海的演講錄音稿。

春山茂雄（1996）**腦內革命**。台北：創意力。

星雲（1995）**老二哲學**。高雄：佛光。

孫達明（2005.5.30）克服情緒低落 6 種方法。**民生報**，A8，養生集。

張美惠譯（1996）丹尼爾・高曼著。**EQ**。台北：時報

張怡筠（1999）**張博士 EQ 早操**。台北：水晶。

游恆山譯（2002）Anthony J. Curtis 著。**健康心理學**（*Health Psychology*）。
台北：五南。

楊國樞等（1994）**快樂如何追求──尋訪現代精神生活的桃花源**。台
北：遠流。

蔡秀玲、楊智馨（1999）**情緒管理**（*Emotion Management*）。台北：
揚智。

Maslow, A. N. (1970). *Motivation and personality* (2nd ed.) New York: Haper
& Row.

附錄：情緒卡

愛	滿足	企圖心	幸福	羨慕	擔憂
愛	滿足	企圖心	幸福	羨慕	擔憂
情緒卡 1/72	情緒卡 2/72	情緒卡 3/72	情緒卡 4/72	情緒卡 5/72	情緒卡 6/72
憤怒	自由	好奇	尷尬	鬱卒	無聊
憤怒	自由	好奇	尷尬	鬱卒	無聊
情緒卡 7/72	情緒卡 8/72	情緒卡 9/72	情緒卡 10/72	情緒卡 11/72	情緒卡 12/72
意亂情迷	無力	怨恨	榮耀	慵懶	哀傷
意亂情迷	無力	怨恨	榮耀	慵懶	哀傷
情緒卡 13/72	情緒卡 14/72	情緒卡 15/72	情緒卡 16/72	情緒卡 17/72	情緒卡 18/72

挫折	得意	慌亂	自卑	浪漫	空虛
挫折	得意	慌亂	自卑	浪漫	空虛
情緒卡 19/72	情緒卡 20/72	情緒卡 21/72	情緒卡 22/72	情緒卡 23/72	情緒卡 24/72
驚喜	崩潰	煩惱	疏離	緊張	失望
驚喜	崩潰	煩惱	疏離	緊張	失望
情緒卡 25/72	情緒卡 26/72	情緒卡 27/72	情緒卡 28/72	情緒卡 29/72	情緒卡 30/72
厭惡	寂寞	浮躁	安心	無奈	溫柔
厭惡	寂寞	浮躁	安心	無奈	溫柔
情緒卡 31/72	情緒卡 32/72	情緒卡 33/72	情緒卡 34/72	情緒卡 35/72	情緒卡 36/72
害羞	徬徨	渴望	孤獨	悲哀	羞愧
害羞	徬徨	渴望	孤獨	悲哀	羞愧
情緒卡 37/72	情緒卡 38/72	情緒卡 39/72	情緒卡 40/72	情緒卡 41/72	情緒卡 42/72

後悔	恐懼	痛苦	期待	生氣	快樂
後悔	恐懼	痛苦	期待	生氣	快樂
情緒卡 43/72	情緒卡 44/72	情緒卡 45/72	情緒卡 46/72	情緒卡 47/72	情緒卡 48/72
親密	罪惡	疲憊	堅強	憐憫	困惑
親密	罪惡	疲憊	堅強	憐憫	困惑
情緒卡 49/72	情緒卡 50/72	情緒卡 51/72	情緒卡 52/72	情緒卡 53/72	情緒卡 54/72
害怕	寬恕	茫然	平靜	嫉妒	焦慮
害怕	寬恕	茫然	平靜	嫉妒	焦慮
情緒卡 55/72	情緒卡 56/72	情緒卡 57/72	情緒卡 58/72	情緒卡 59/72	情緒卡 60/72
無助	自責	自在	信心	哀怨	壓力
無助	自責	自在	信心	哀怨	壓力
情緒卡 61/72	情緒卡 62/72	情緒卡 63/72	情緒卡 64/72	情緒卡 65/72	情緒卡 66/72

失落	興奮	麻木	驚嚇		
失落	興奮	麻木	驚嚇	（補充卡）	（補充卡）
情緒卡 67/72	情緒卡 68/72	情緒卡 69/72	情緒卡 70/72	情緒卡 71/72	情緒卡 72/72

國家圖書館出版品預行編目資料

情緒管理與壓力調適／唐璽惠等合著.
--初版.--臺北市：心理，2005（民 94）
面；　公分.--（通識教育系列；33019）
含參考書目

ISBN 978-957-702-834-1（平裝）

1.情緒－管理　2.壓力（心理學）－管理

176.5　　　　　　　　　　　　94017375

通識教育系列 33019

情緒管理與壓力調適

作　　者：唐璽惠、王財印、何金針、徐仲欣
責任編輯：李　晶
總 編 輯：林敬堯
發 行 人：洪有義
出 版 者：心理出版社股份有限公司
地　　址：231026 新北市新店區光明街 288 號 7 樓
電　　話：(02) 29150566
傳　　真：(02) 29152928
郵撥帳號：19293172　心理出版社股份有限公司
網　　址：https://www.psy.com.tw
電子信箱：psychoco@ms15.hinet.net
電腦排版：辰皓國際出版製作有限公司
印 刷 者：辰皓國際出版製作有限公司
初版一刷：2005 年 10 月
初版十刷：2021 年　9 月
I S B N：978-957-702-834-1
定　　價：新台幣 250 元